GSAT
삼성직무적성검사
실전모의고사

KB197516

GSAT 삼성직무적성검사
실전모의고사

개정3판 발행		2023년 7월 14일
개정4판 발행		2025년 2월 12일

편 저 자	|	취업적성연구소
발 행 처	|	㈜서원각
등록번호	|	1999-1A-107호
주　　소	|	경기도 고양시 일산서구 덕산로 88-45(가좌동)
교재주문	|	031-923-2051
팩　　스	|	031-923-3815
교재문의	|	카카오톡 플러스 친구[서원각]
홈페이지	|	goseowon.com

우리나라 기업들은 1960년대 이후 현재까지 비약적인 발전을 이루었다. 이렇게 급속한 성장을 이룰 수 있었던 배경에는 우리나라 국민들의 근면성 및 도전정신이 있었다. 그러나 빠르게 변화하는 세계 경제의 환경에 적응하기 위해서는 근면성과 도전정신 이외에 또 다른 성장 요인이 필요하다.

한국기업들이 지속가능한 성장을 하기 위해서는 혁신적인 제품 및 서비스 개발, 선도 기술을 위한 R&D, 새로운 비즈니스 모델 개발, 효율적인 기업의 합병·인수, 신사업 진출 및 새로운 시장 개발 등 다양한 대안을 구축해 볼 수 있다. 하지만, 이러한 대안들 역시 훌륭한 인적자원을 바탕으로 할 때에 가능하다. 최근으로 올수록 기업체들은 자신의 기업에 적합한 인재를 선발하기 위해 기존의 학벌 위주의 채용을 탈피하고 있는 추세이다. 삼성그룹의 고졸채용 역시 이러한 맥락에서 볼 수 있다.

삼성그룹에서도 업무에 필요한 역량 및 책임감과 적응력 등을 구비한 인재를 선발하기 위하여 GSAT를 치르고 있다. 본서는 삼성그룹 '5급 고졸' 채용대비를 위한 필독서로 출제경향을 철저히 분석하여 응시자들이 보다 쉽게 시험유형을 파악하고 효율적으로 대비할 수 있도록 구성하였다.

신념을 가지고 도전하는 사람은 반드시 그 꿈을 이룰 수 있습니다. 처음에 품은 신념과 열정이 취업 성공의 그 날까지 빛바래지 않도록 서원각이 수험생 여러분을 응원합니다.

Structure

기업소개

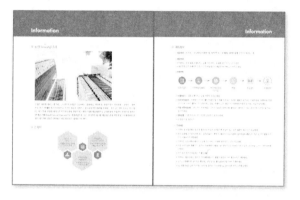

삼성그룹의 소개 및 채용정보, 그룹관련 기사 등을 수록하여 서류 및 면접전형 등에 대비할 수 있습니다.

실전모의고사 5회분

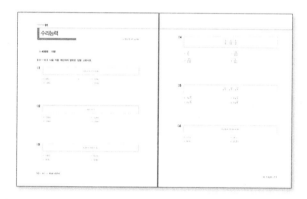

5급 고졸 기출문제의 출제유형을 기반으로 하여 구성한 모의고사를 총 5회분 구성하여 수록하였습니다.

온라인 시험 대비 모의고사

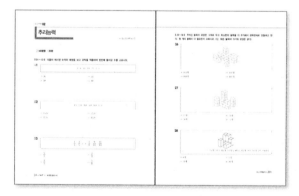

수리능력, 추리능력, 지각능력을 온라인 시험에 대비하여 준비할 수 있도록 구성하였습니다.

상세한 정답 및 해설

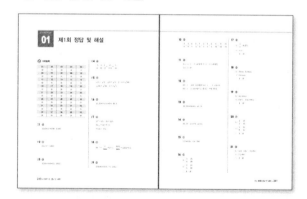

문제풀이 이해도를 높일 수 있도록 상세한 해설을 수록하여 문제에 대한 이해도를 높일 수 있도록 하였습니다.

Contents

I
제1회 모의고사

01 수리능력 010
02 추리능력 024
03 지각능력 037

II
제2회 모의고사

01 수리능력 060
02 추리능력 074
03 지각능력 090

III
제3회 모의고사

01 수리능력 108
02 추리능력 123
03 지각능력 137

IV
제4회 모의고사

01 수리능력 154
02 추리능력 168
03 지각능력 184

V
제5회 모의고사

01 수리능력 200
02 추리능력 212
03 지각능력 225

VI
정답 및 해설

01 제1회 정답 및 해설 240
02 제2회 정답 및 해설 254
03 제3회 정답 및 해설 267
04 제4회 정답 및 해설 280
05 제5회 정답 및 해설 292

Information

삼성(Samsung) 소개

삼성은 사람과 사회를 생각하는 글로벌 일류기업을 추구한다. '경영이념, 핵심가치, 경영원칙'의 가치체계를 경영의 나침반으로 삼고, 인재와 기술을 바탕으로 최고의 제품과 서비스를 창출하여 인류사회에 공헌하는 것을 궁극적인 목표로 삼고 있다. 이를 위해 삼성이 지켜나갈 약속인 5가지 경영원칙을 세부원칙과 행동지침으로 구체화하여 삼성전자 임직원이 지켜야할 행동규범(Global Code of Conduct)으로 제정하였으며, 모든 임직원의 사고와 행동에 5가지 핵심가치를 내재화하여 삼성의 지속적인 성장을 견인하고 미래 방향성을 제시하고자 한다.

인재상

✽ 채용정보

① **지원자격** : 고졸(또는 동등학력) 이상인 자, 병역필 또는 면제자, 해외여행에 결격사유가 없는 자

② **지원방법**

- 지원서는 삼성 채용 홈페이지를 통해 접수하며, 그 외의 개별접수는 받지 않음
- 마감일의 경우 홈페이지 접속 폭주가 예상되므로 마감일 이전에 등록하기를 권함

③ **진행절차**

지원서접수 → 직무적합성평가 → 직무적성검사 (GSAT) → 면접 → 건강검진 → 최종합격

- **지원서접수** : 채용 홈페이지를 통해 지원서 접수합니다.
- **직무적합성평가** : 지원자가 직무에 대한 역량을 쌓기 위해 노력하고 성취한 내용을 평가하는 전형입니다. 지원서에 작성된 전공과목 이수 내역과 직무 관련 활동 경험, 에세이 등을 바탕으로 지원자의 역량을 평가하는 서류전형입니다.
- **삼성 직무적성검사** : 단편적인 지식보다는 주어진 상황을 유연하게 대처하고 해결할 수 있는 종합적인 능력을 평가하는 검사입니다.
- **면접전형** : 기본 인성 및 조직 적응력 중점으로 평가합니다.
- **건강검진 및 최종합격**

④ **주의사항**

- 지원서 상 허위기재가 있거나 제출하신 서류가 허위/은폐 사항이 있는 경우 채용이 취소될 수 있습니다.
- 과거 삼성에 근무한 사실이 있는 경우(정규직, 계약직, 파견직 포함) 지원서 경력사항에 해당 근무기간 및 직무내용을 반드시 기재하시기 바랍니다.
- 지원서는 삼성 채용홈페이지를 통해 접수하며, 그 외의 개별접수는 받지 않습니다.
- 보유 학력사항에 대해 모두 성실히 기재해야 합니다(고교 생활기록부 전학년/전과목 성적, 출결사항 등 모두 입력하여야 합니다).
- 업무 관련 자격증 보유자는 우대합니다.
- 지원서는 제출 후에 수정이 불가합니다(제출 전 내용을 점검한 후에 제출하시기 바랍니다).
- 국가등록장애인 및 국가보훈 대상자는 관련법 및 내부규정에 의거하여 우대합니다.
- 5급 채용전형을 통한 입사자는 학력 및 경력과 무관하게 5급 신입사원 처우를 받게 됩니다.

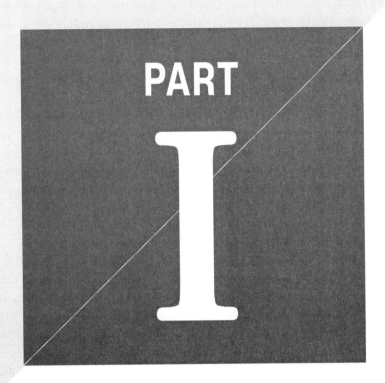

PART

I

제1회 모의고사

01 수리능력

02 추리능력

03 지각능력

CHAPTER 01

수리능력

☞ 정답 및 해설 p.240

>> **40문항** ⏱ **15분**

┃01～10┃ 다음 식을 계산하여 알맞은 답을 고르시오.

01

$$1354 + 52 + 180$$

① 687

② 1586

③ 1497

④ 1345

02

$$675 \times 2$$

① 1350

② 1760

③ 1240

④ 1400

03

$$4716 - 884 + 15$$

① 3425

② 3768

③ 3847

④ 3346

04

$$\frac{5}{6} \times \frac{3}{12} \times \frac{1}{2}$$

① $\frac{2}{5}$

② $\frac{15}{351}$

③ $\frac{25}{144}$

④ $\frac{5}{48}$

05

$$\sqrt{5} \times \sqrt{2} \times \sqrt{8}$$

① $4\sqrt{5}$

② $4\sqrt{3}$

③ $2\sqrt{5}$

④ $3\sqrt{6}$

06

$$15.45 + 20.95 + 10$$

① 43.5

② 46.4

③ 50.6

④ 52.72

07

$$15^2 + 10_{(2)}$$

① 300   ② 225

③ 234   ④ 227

08

$$3352 \times 10^{-3}$$

① 3.352   ② 33.52

③ 0.3352   ④ 33520

09

$$4316 + 1478 \div 2$$

① 2897   ② 4319

③ 5055   ④ 5412

10

$$\frac{2}{6} + \frac{3}{9} + \frac{6}{8}$$

① $\dfrac{19}{12}$ ② $\dfrac{17}{12}$

③ $\dfrac{11}{23}$ ④ $\dfrac{12}{23}$

■11~15■ 다음 계산식의 빈칸에 들어갈 알맞은 수 또는 연산기호를 고르시오.

11

$$15 \div 5 \times (\quad) = 54$$

① 15　　　　　　　　　② 18
③ 25　　　　　　　　　④ 45

12

$$64 \times (\quad) + 9 = 521$$

① 8　　　　　　　　　② 24
③ 15　　　　　　　　　④ 43

13

$$44.79(\quad)10 + 5 = 59.79$$

① ×　　　　　　　　　② +
③ ÷　　　　　　　　　④ −

14

$$16.79 \times 5(\quad)24 = 59.95$$

① ×　　　　　　　　　② +
③ ÷　　　　　　　　　④ −

15

$$272 + 135 \div (\quad) = 299$$

① 5   ② 9

③ 11   ④ 19

▌16~25▐ 다음에 주어진 A와 B값의 대소 관계를 바르게 비교한 것을 고르시오.

16

- A : $\dfrac{5}{6}$ • B : $\dfrac{4}{5}$

① A > B   ② A < B

③ A = B   ④ 비교할 수 없다.

17

- A : $\dfrac{3}{8}$ • B : 0.4

① A > B   ② A < B

③ A = B   ④ 비교할 수 없다.

18

- A : 15cm   • B : 150mm

① A > B   ② A < B

③ A = B   ④ 비교할 수 없다.

19

| • A : 10,000cc | • B : 150L |

① A > B   ② A < B

③ A = B   ④ 비교할 수 없다.

20

| • A : $\dfrac{3}{5}$ | • B : $\dfrac{5}{9}$ |

① A > B   ② A < B

③ A = B   ④ 비교할 수 없다.

21

| • A : 504×145 | • B : 73,080 |

① A > B   ② A < B

③ A = B   ④ 비교할 수 없다.

22

a+3b=2일 때,
| • A : 5a+5b+5 | • B : 4a+2b+9 |

① A > B   ② A < B

③ A = B   ④ 비교할 수 없다.

23

- A : $\dfrac{9}{16}$
- B : 0.5725

① A > B
② A < B
③ A = B
④ 비교할 수 없다.

24

A : 한 변의 길이가 4cm인 정육면체의 겉넓이
B : 반지름이 7cm인 원의 둘레 ($\pi = 3.14$)

① A > B
② A < B
③ A = B
④ 비교할 수 없다.

25

A : 질량이 10kg, 속력이 5m/s인 물체의 운동 에너지
B : 질량이 20kg, 속력이 3m/s인 물체의 운동 에너지

① A > B
② A < B
③ A = B
④ 비교할 수 없다.

26 A지역의 작년 어획량은 8,000톤이고 올해의 어획량은 10,000톤이다. 작년에 비해 어획량이 몇 퍼센트 증감했는가?

① 20% 감소
② 25% 증가
③ 20% 증가
④ 25% 감소

27 민수는 집에서 8km 떨어진 역까지 자전거로 갔다. 역에서 다시 집으로 돌아오는 길은 같은 거리지만 속도가 갈 때의 절반으로 느려졌다. 전체 이동에 걸린 시간은 3시간이었을 때 철수가 역까지 갈 때의 속도는?

① 4km/h

② 6km/h

③ 8km/h

④ 12km/h

28 한 상자에 빨간 공 3개, 파란 공 5개, 노란 공 2개가 들어 있다. 상자에서 공을 한 번에 두 개 뽑는 경우에 뽑은 두 공이 모두 빨간 공일 확률은?

① $\dfrac{1}{10}$

② $\dfrac{1}{15}$

③ $\dfrac{2}{15}$

④ $\dfrac{3}{28}$

29 600m 길이의 세 가지 도로에 각각 A, B, C 가로등을 한쪽 도로에만 설치하려고 한다. A 가로등은 10m 간격으로 설치하였고, B 가로등은 12m 간격으로 설치하였다. 설치한 모든 가로수의 총 개수가 147개라고 할 때, C 가로등은 몇 m 간격으로 설치했는가?(단, 도로의 시작과 끝에는 가로등을 설치하지 않는다.)

① 8m

② 15m

③ 20m

④ 18m

30 길이가 50L와 30L인 두 물탱크가 있다. 50L 물탱크는 매 분 3L씩 물이 줄어들고, 30L 물탱크는 매 분 일정한 속도로 물이 줄어든다. 두 물탱크에서 동시에 물이 빠지기 시작한 후 10분이 지났을 때, 두 물탱크에 남아 있는 물의 양이 같아졌다. 30L 물탱크는 매분 몇 L씩 물이 줄어드는가?

① 1L

② 1.5L

③ 2L

④ 2.5L

31 A자동차는 50L B자동차는 80L의 연료탱크를 가지고 있다. A자동차는 매 분 0.4L의 연료를 소비하고 B자동차는 매 분 일정한 속도로 연료를 소비한다. 30분 후 두 자동차의 연료가 남은 양이 같아진 경우 B자동차의 연료 소비 속도는?

① 0.5L/분   ② 0.8L/분
③ 1.0L/분   ④ 1.4L/분

32 민수는 매달 1,500원씩, 민지는 1,000원씩 저축하기로 했다. 민지는 처음 4,000원을 적금에 넣었다. 민수의 적금이 민지의 적금에 1.5배가 되는 시점은 15개월 후이다. 민수가 처음 예금한 금액은?

① 3,000원   ② 5,000원
③ 6,000원   ④ 7,000원

33 사과 4개와 바나나 6개를 구매하기 위해 5,600원이 필요하고, 사과 3개와 바나나 5개를 구매하기 위해 4,300원이 필요하다. 10,000원으로 사과 8개를 구매하고 남은 금액으로 바나나를 구매하려고 할 때, 구매할 수 있는 바나나의 수는?

① 4개   ② 5개
③ 6개   ④ 7개

34 길이가 250m인 일반열차가 다리를 통과하는 데 50초가 소요된다. 길이가 150m인 고속열차는 일반열차보다 1.5배 빠르게 속력으로 달려 다리를 통과하는 데 30초가 소요된다면 다리의 길이는?

① 300m   ② 400m
③ 450m   ④ 750m

35 K는 네 살 어린 동생이 있다. 현재 동생과 K의 나이의 합은 아빠 나이의 절반이다. 15년 후에는 동생과 K의 나이의 합이 아빠 나이보다 9살 적다. 현재 동생과 아빠의 나이의 합은?

① 58세   ② 60세

③ 65세   ④ 70세

36 다음은 도시 A~E마다 감염병 발병 환자와 감염병으로 인한 사망자 수에 대한 현황이다. 자료를 보고 바르게 설명한 것은?

(단위 : 명)

도시＼구분	환자 수	사망자 수
A	300	15
B	25	1
C	50	2
D	100	6
E	200	4

※ 치명률(%) = $\dfrac{\text{사망자 수}}{\text{환자 수}} \times 100$

① 치명률이 가장 높은 도시는 A이다.

② 치명률이 가장 낮은 도시는 E이다.

③ 감염병 환자 수가 가장 적은 도시의 사망자 수가 가장 많다.

④ 감염병 사망자 수가 10명이 넘는 도시는 없다.

다음은 A국가의 어선 감척지원금 산정에 관한 자료이다. 어선 A~E 중 산정된 감척지원금이 가장 많은 어선으로 적절한 것은?

(단위 : 백만 원, 명)

어선	어선 잔존가치	평년수익액	선원 수
A	170	60	6
B	350	80	8
C	200	150	10
D	50	40	3

※ 감척지원금 = 어선 잔존가치 + (평년수익액 × 3) + (선원 수 × 선원당 월 통상임금 고시액 × 6)

※ 선원당 월 통상임금 고시액: 5백만 원/명

① A ② B
③ C ④ D

38 다음은 A ~ E 전투기의 평가항목별 제원에 해당한다. 다음 자료를 보고 바르게 설명한 사람은?

(단위 : 마하, 개, km, 억 달러)

평가항목＼전투기	A	B	C	D
최고속력	3.0	1.5	2.5	2.0
미사일 탑재 수	12	14	9	10
항속거리	1,400	800	1,200	1,250
가격	1.4	0.8	0.9	0.7
공중급유	가능	가능	불가능	가능
자체수리	불가능	가능	불가능	가능

① 가영 : 최고속력이 가장 빠르고 자체수리가 가능한 것 중에 제일 괜찮은 전투기는 A에 해당한다.

② 나영 : 미사일 탑재 수는 9개 이하여도 되지만 공중급유가 가능하려면 C가 적절하다.

③ 다영 : 항속거리가 길수록 가장 좋은데 자료에서 뛰어난 전투기는 B에 해당한다.

④ 라영 : 공중급유가 되고 가격이 저렴하기만 하면 되기 때문에 전투기 D가 가장 적절하다.

39 다음 자료는 A국가의 주요 10개 업종의 기업규모별 특허 출원건수 및 특허출원기업 수에 해당한다. 다음 자료에 대한 설명으로 옳지 않은 것은?

(단위 : 건, 개)

구분 업종	기업규모별 특허출원건수		
	대기업	중견기업	중소기업
전기장비	6,611	501	3,265
기계	1,314	1,870	5,833
출판	204	345	8,041
자동차	5,460	1,606	1,116
화학제품	2,978	917	2,026
의료	52	533	2,855
건축	113	167	2,129

① 전기장비는 대기업에서 가장 많이 특허를 출원하였다.

② 출판은 중소기업에서 특허출원건수가 가장 많다.

③ 업종과 관계없이 기업의 규모가 클수록 특허출원건수가 많다.

④ 중견기업에서 특허출원건수가 가장 높은 업종은 기계에 해당한다.

40 다음 자료는 A국가의 어린이 문화센터 교육 운영 현황 자료에 해당한다. 다음 자료에 대한 설명으로 옳은 것은?

(단위 : 개, 회, 명)

연도 \ 구분	참여 자치 단체 수	운영 횟수	교육 참여		자원 봉사자 수
			어린이 수	학부모 수	
2018	9	11	10,265	6,700	2,083
2019	15	30	73,060	19,465	1,600
2020	14	41	55,780	15,785	2,989
2021	18	35	58,680	13,006	2,144
2022	19	39	61,380	11,660	2,568
2023	17	38	59,559	9,071	2,406
2024	18	40	72,261	8,619	2,071

① 교육에 참여하는 학부모 수는 매년 꾸준히 늘어나고 있는 추세이다.
② 자원 봉사자 수가 가장 많은 해에 운영 횟수가 가장 적다.
③ 교육에 참여하는 어린이 수가 가장 많은 연도에 자원 봉사자 수가 가장 높다.
④ 참여 자치단체 수가 가장 적은 해에 교육에 참여하는 학부모 수가 가장 적다.

CHAPTER 02

추리능력

☞ 정답 및 해설 p.245

〉〉40문항 ⊙**20분**

▌01~10▐ 다음의 제시된 숫자의 배열을 보고 규칙을 적용하여 빈칸에 들어갈 수를 고르시오.

01

> 3 6 11 18 27 ( )

① 36   ② 38

③ 39   ④ 40

02

> 1.5 2.0 3.0 5.0 9.0 ( )

① 15.5   ② 17.0

③ 21.5   ④ 23.0

03

> $\frac{1}{3}$ $\frac{3}{5}$ ( ) $\frac{7}{9}$ $\frac{9}{11}$ $\frac{11}{13}$

① $\frac{5}{7}$ ② $\frac{2}{3}$

③ $\frac{1}{5}$ ④ $\frac{5}{9}$

04

2 5 4 10 ( ) 15 8 20

① 12   ② 8
③ 6   ④ 14

05

2 6 18 54 ( )

① 108   ② 162
③ 216   ④ 324

06

2 6 17 49 ( )

① 121   ② 144
③ 169   ④ 196

07

0.5 1.0 3.0 12.0 ( )

① 48.0   ② 36.0
③ 18.0   ④ 60.0

08

0.5 1.5 1.0 2.0 1.5 ( )

① 2.5   ② 1.0
③ 2.0   ④ 3.0

09

2 5 8 11 ( )

① 13   ② 14
③ 15   ④ 16

10

1 1 4 8 9 27 16 ( )

① 64   ② 66
③ 70   ④ 74

|11~15| 다음은 일정한 규칙으로 나열된 문자이다. 빈칸에 들어갈 알맞은 문자를 고르시오.

11

A - Z - B - Y - C - X - ?

① D   ② W
③ E   ④ V

12

A – C – F – J – ?

① L   ② M

③ N   ④ O

13

A – E – C – G – E – I – ?

① F   ② G

③ W   ④ T

14

ㄱ – ㅏ – ㄴ – ㅑ – ㄷ – ㅓ – ?

① ㄹ   ② ㅕ

③ ㅗ   ④ ㅛ

15

ㄱ – ㄴ – ㄱ – ㄷ – ㄱ – ?

① ㄹ   ② ㄴ

③ ㅅ   ④ ㄷ

┃16~20┃ 다음의 밑줄 친 수들의 규칙을 파악하여 빈칸에 알맞은 수를 고르시오.

16

<u>3 5 15</u>   <u>7 2 14</u>   <u>9 4 36</u>   <u>11 3 ( )</u>

① 33   ② 35
③ 30   ④ 36

17

<u>2 4 6</u>   <u>3 6 9</u>   <u>5 10 15</u>   <u>7 14 ( )</u>

① 20   ② 24
③ 18   ④ 21

18

<u>2 4 16</u>   <u>2 6 36</u>   <u>2 8 64</u>   <u>2 10 ( )</u>

① 100   ② 120
③ 125   ④ 150

10 3 7   15 4 11   20 6 14   25 8 ( )

① 14   ② 15
③ 17   ④ 20

20

4 2 8 6   10 3 30 13   16 4 64 ( )

① 20   ② 24
③ 28   ④ 36

┃21~23┃ 다음에 주어진 연산기호의 규칙을 파악하여 빈칸에 들어갈 알맞은 수를 고르시오.

21

3★4=19   5★2=17   6★3=27   7★5=( )

① 28   ② 32
③ 35   ④ 47

22

2 ◇ 3 = 7   4 ◇ 5 = 21   3 ◇ 6 = 15   5 ◇ 7 = ( )

① 28   ② 32

③ 40   ④ 48

23

5 ★ 3 = 17   7 ★ 2 = 19   6 ★ 4 = 26   (8 ★ 6) ★ 2 = ( )

① 115   ② 128

③ 148   ④ 167

❙ 24~25 ❙ 다음 중 나머지 보기와 다른 하나를 고르시오.

24 ① A C E G   ② 2 4 6 8

       ③ ㄱ ㄷ ㅁ ㅅ   ④ 1 3 5 9

25 ① 1 4 9 16   ② A D I P

       ③ ㄱ ㄹ ㅈ ㅎ   ④ I Ⅳ Ⅸ XVI

▌26~30▐ 다음 도형들의 일정한 규칙을 찾아 빈칸에 들어갈 도형을 고르시오.

26

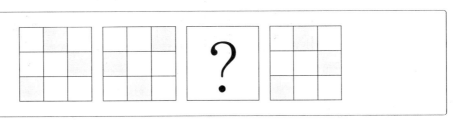

①   ②

③   ④

27

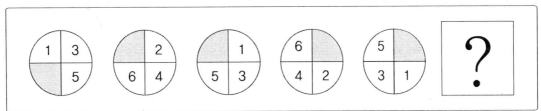

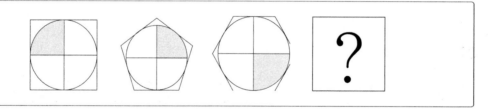

28

1	2	3
△	★	△
3	4	5

3	4	5
▽	☆	▽
5	6	7

5	6	7
△	★	△
7	8	9

?

①
5	7	9
▽	☆	▽
9	10	11

②
7	8	9
▽	☆	▽
9	10	11

③
7	9	10
△	★	▽
11	12	13

④
9	10	11
▽	★	▽
10	11	12

29

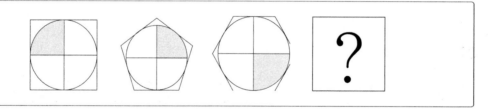

①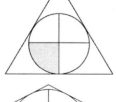

②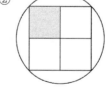

③

④

30

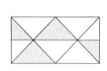 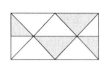

①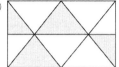

②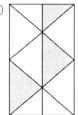

③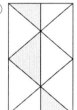

④

31 부력과 관련된 물리법칙이 적용되는 것은?

① 물속에 잠긴 물체가 떠오르는 것을 보았다.
② 로켓이 엔진을 점화하자 반대 방향으로 날아갔다.
③ 문을 열기 위해 손잡이에 더 큰 힘을 가했다.
④ 풍선의 입구를 열자 공기가 빠져나가면서 풍선이 움직였다.

32 물체의 관성의 법칙으로 가장 적절한 것은?

① 얼음판 위에서 두 사람이 서로 밀면 반대 방향으로 멀어진다.
② 정지 상태의 축구공에 발을 차자 공이 움직이기 시작했다.
③ 지구가 태양 주위를 공전하는 이유는 중력 때문이다.
④ 책상 위에 놓인 책이 책상을 누르는 힘과 책상이 책을 떠받치는 힘이 같다.

33 지레를 눌러 물체를 들어올릴 때 힘이 가장 적게 드는 지점은?

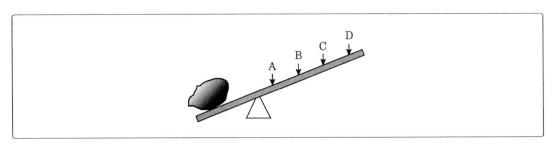

① A   ② B
③ C   ④ D

34 물체가 운동할 때, 속력과 방향이 함께 변하는 운동은?

① 에스컬레이터의 운동
② 비스듬히 던져 올린 공의 운동
③ 지구 주위를 도는 인공위성의 운동
④ 빗면을 따라 내려가는 수레의 운동

35 그림과 같이 용수철을 오른쪽으로 당겼을 때, 손에 작용하는 탄성력의 방향은?

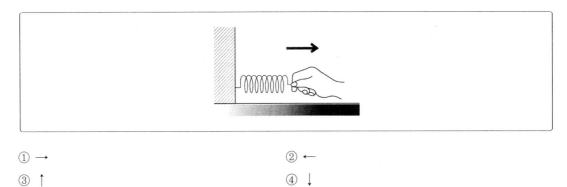

① →　　　　　　　　　　　　② ←

③ ↑　　　　　　　　　　　　④ ↓

36 그림과 같은 궤도를 가진 공의 운동에 관한 설명 중 옳은 것은? (단, 공기의 저항은 무시한다.)

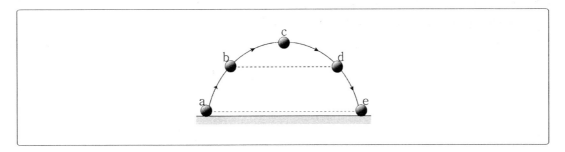

① a에서 위치 에너지가 가장 크다.

② b와 d의 역학적 에너지는 같다.

③ a에서 c로 갈수록 운동 에너지가 증가한다.

④ c에서 e로 갈수록 위치 에너지가 증가한다.

37 다음 현상과 관련된 힘은?

> • 기계의 회전축에 윤활유를 바른다.
> • 눈길을 달릴 때 자동차 바퀴에 체인을 감는다.

① 자기력　　　　　　　　　　② 탄성력

③ 마찰력　　　　　　　　　　④ 전기력

38 전지의 연결 방법 중 전체 전압이 가장 낮은 것은? (단, 각 전지의 전압은 1.5V이다.)

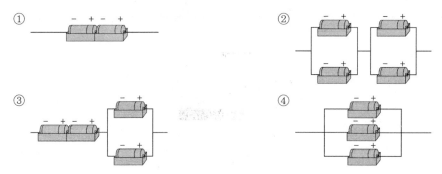

39 수평면에 놓인 물체를 그림과 같이 끌어 당길 때 물체가 움직이지 않았다면, 이때 당기는 힘의 크기 F와 면 사이의 마찰력의 크기 f 사이에는 어떤 관계가 있는가?

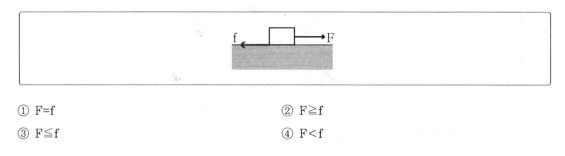

① $F=f$

② $F \geqq f$

③ $F \leqq f$

④ $F < f$

40 높은 곳에서 물체를 가만히 떨어뜨렸을 때, 낙하하는 동안 일정하게 유지되는 것은? (단, 공기의 저항은 무시한다.)

① 물체의 속력

② 물체의 운동 에너지

③ 물체의 위치 에너지

④ 물체의 역학적 에너지

CHAPTER 03

지각능력

☞ 정답 및 해설 p.249

〉〉**40문항** ⊙**10분**

▌01~20▌ 다음에 주어진 문자의 좌우가 서로 같으면 ①, 다르면 ②를 고르시오.

01

| 가갸거겨고교구규그긔 | 가가거겨고고구규그기 |

① 같다　　　　　　　　　② 다르다

02

○●◎●○◎●○●○◎◎●　　　○●○●◎◎●●○●○◎●

① 같다　　　　　　　　　② 다르다

03

▮▯▮▰▱▮▯▮▰▱　　　▮▯▮▰▱▮▯▮▰▱

① 같다　　　　　　　　　② 다르다

04

▲▲▲▲▲▲▲▲▲▲▲   ▲▲▲▲▲▲▲▲▲▲▲

① 같다   ② 다르다

05

↔↓↕↗⟋⟍↑↓→↑↘↑↓↑↑↓↗   ↔↓↓↗⟋⟍↑↓←↔↓↘↑↓↓↓↗

① 같다   ② 다르다

06

⇄↿⇐↿⇒⇃⇂⇔↿↿⇐↿   ⇄↿⇐↿⇒⇃⇂⇔↿↿⇐↿

① 같다   ② 다르다

07

₵₢₣ₘₚℝₛ ₤₦ₘ℮₷₭₮₯ₚ   ₵₢₣ₘₚℝₛ ₤₦ₘ℮₷₭₮₯ₚ

① 같다   ② 다르다

08

avbqzpeldmfnewlrkqasdf

avbqzpeldmfnewlrkqasdf

① 같다　　　　　　　　　② 다르다

09

ㄱㄷㄴㅂㅋㅈㅂㄹㅇㅈㄱㄷㅎ

ㄱㄷㄴㅁㅋㅅㅂㄹㅇㅂㅅㄱㄷㅎ

① 같다　　　　　　　　　② 다르다

10

ㅓㅏㅕㅓㅕㅑㅣㅓㅏㅣㅕㅑㅑㅏㅓ

ㅓㅣㅕㅓㅕㅑㅣㅓㅏㅣㅓㅑㅑㅏㅓ

① 같다　　　　　　　　　② 다르다

11

I want to do well on this exam

I want to do well an tnis exam

① 같다　　　　　　　　　② 다르다

12

□□□□□□□□□□□□□   □□□□□□□□□□□□□

① 같다   ② 다르다

13

✤✤✤✤✤✤✤✤✤✤   ✤✤✤✤✤✤✤✤✤✤

① 같다   ② 다르다

14

①④②❽❻❼❽❺❾❻❺   ①④②③❻❼❽❺❻❻❺

① 같다   ② 다르다

15

ʌ˅ʌ˄ʌ˅˄˄ʌ˅   ʌ˅ʌ˄ʌ˅˄˄ʌ˅

① 같다   ② 다르다

16

| 서른네살철수설날엔살쩌서슬픈설거지 | 서른네살설수설날엔살져서슬믄설거지 |

① 같다　　　　　　　　　　　　② 다르다

17

| 도둑이도토리털러도토리동산에 | 도둑이토도리털러도도리동산에 |

① 같다　　　　　　　　　　　　② 다르다

18

| 1346821645798421596 | 1340821945798421696 |

① 같다　　　　　　　　　　　　② 다르다

19

| ⊂ ⊂ ⊂ ⊃ ⊃ ⊂ ⊃ ⊃ ⊂ ⊂ ⊃ ⊂ | ⊂ ⊂ ⊂ ⊃ ⊃ ⊂ ⊃ ⊃ ⊂ ⊂ ⊃ ⊂ |

① 같다　　　　　　　　　　　　② 다르다

20

◁▷▷◁◁▷▷◁▷   ◁▷▷◁◁▷▷◁▷

① 같다   ② 다르다

∥21~30∥ 다음에 주어진 블록의 개수를 구하시오.

21

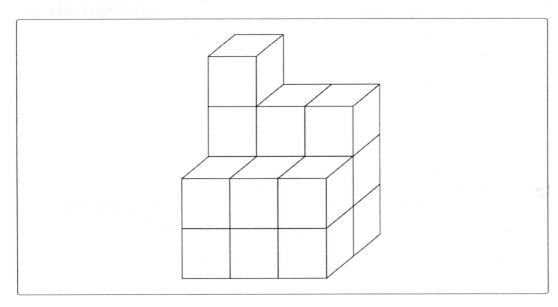

① 16개   ② 15개
③ 12개   ④ 9개

22

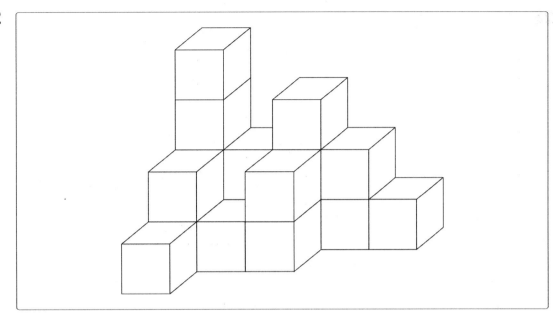

① 15개

② 18개

③ 19개

④ 21개

23

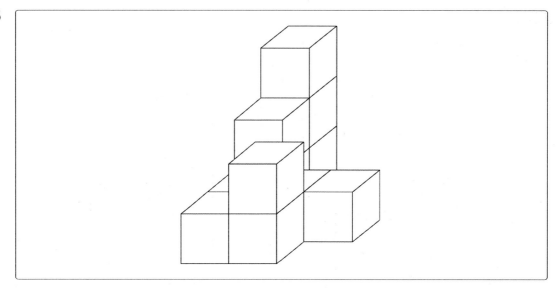

① 8개   ② 9개
③ 10개   ④ 11개

24

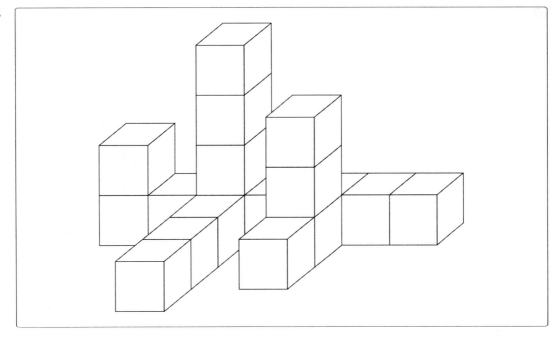

① 16개   ② 17개
③ 18개   ④ 19개

25

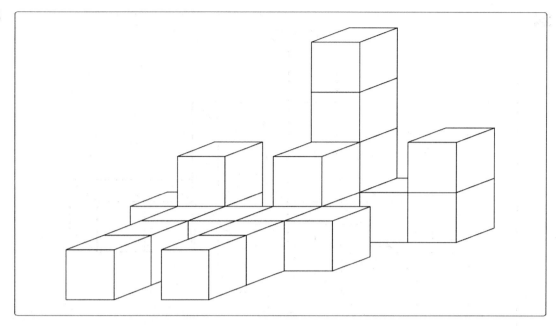

① 13개   ② 15개
③ 18개   ④ 20개

26

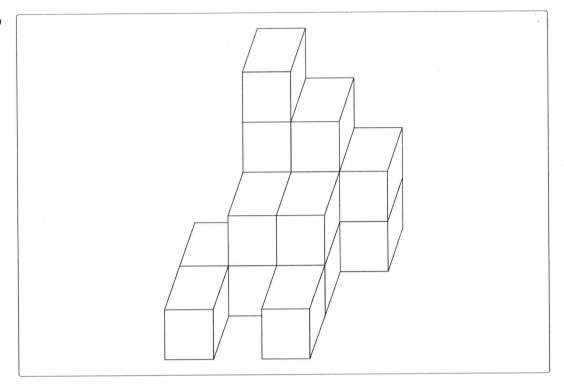

① 9개   ② 10개

③ 13개   ④ 16개

27

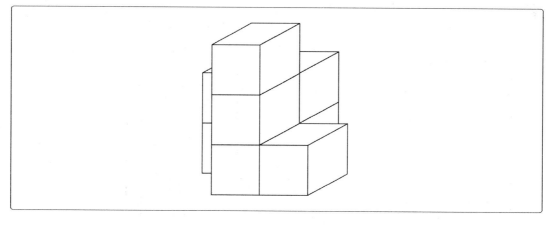

① 6개   ② 7개

③ 8개   ④ 9개

28

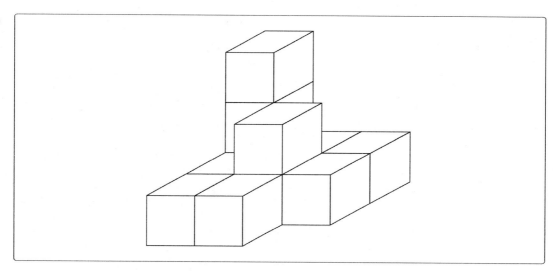

① 10개   ② 11개

③ 12개   ④ 13개

29

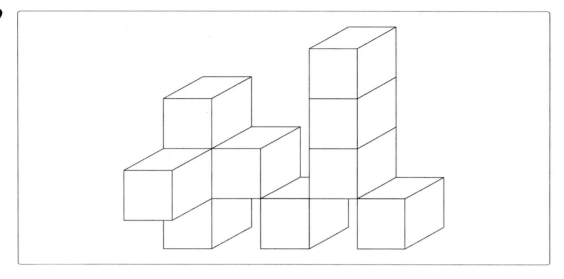

① 8개　　　　　　　　　② 10개
③ 11개　　　　　　　　　④ 12개

30

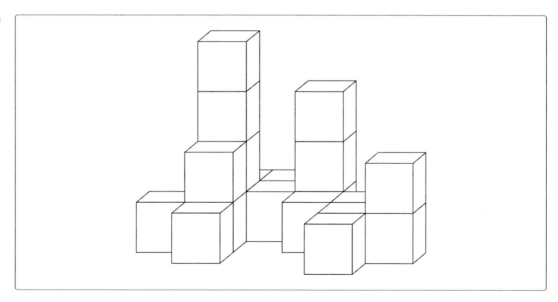

① 15개　　　　　　　　　② 18개
③ 20개　　　　　　　　　④ 22개

┃31~35┃ 주어진 블록의 모양은 그대로 두고 최소한의 블록을 더 추가해서 정육면체로 만들려고 한다. 몇 개의 블록이 더 필요한지 고르시오. (단, 모든 블록의 크기와 모양은 같다)

31

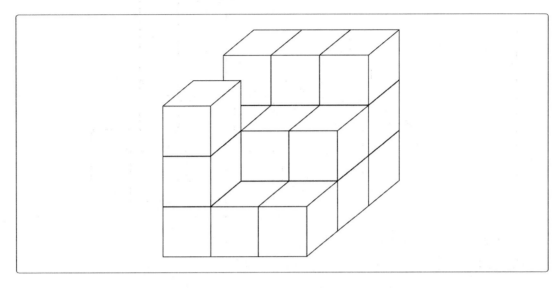

① 5개   ② 6개

③ 7개   ④ 8개

32

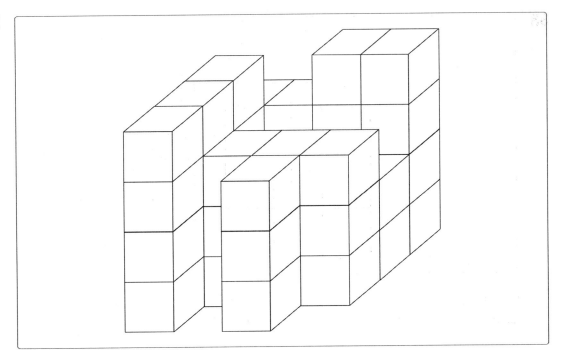

① 17개   ② 18개
③ 19개   ④ 20개

33

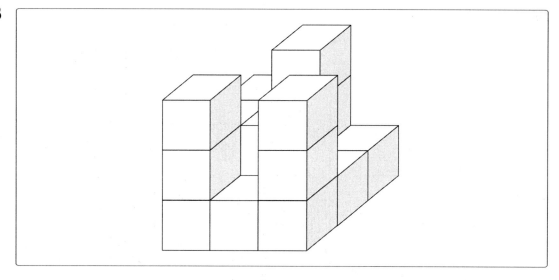

① 7개   ② 9개

③ 10개   ④ 11개

34

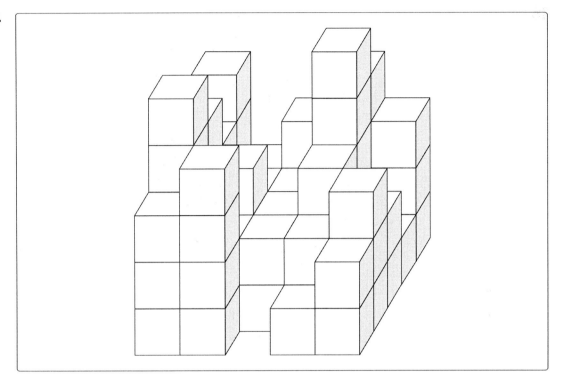

① 55개   ② 58개

③ 62개   ④ 65개

35

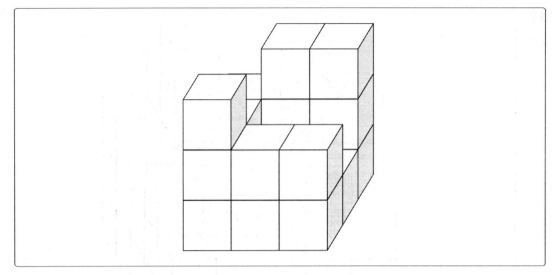

① 6개　　　　　　　　② 8개
③ 10개　　　　　　　　④ 11개

36

① ㄱ - ㄴ - ㄹ - ㄷ   ② ㄴ - ㄹ - ㄷ - ㄱ

③ ㄷ - ㄱ - ㄹ - ㄴ   ④ ㄷ - ㄴ - ㄱ - ㄹ

37

① ㄱ - ㄴ - ㄷ - ㄹ   ② ㄱ - ㄴ - ㄹ - ㄷ

③ ㄴ - ㄷ - ㄱ - ㄹ   ④ ㄷ - ㄹ - ㄱ - ㄴ

38

① ㉠ - ㉡ - ㉣ - ㉢   ② ㉡ - ㉢ - ㉠ - ㉣
③ ㉡ - ㉠ - ㉢ - ㉣   ④ ㉢ - ㉠ - ㉣ - ㉡

39

① ㉠ - ㉢ - ㉡ - ㉣   ② ㉡ - ㉠ - ㉣ - ㉢
③ ㉢ - ㉡ - ㉣ - ㉠   ④ ㉣ - ㉢ - ㉡ - ㉠

40

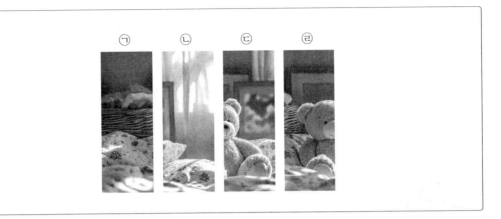

① ㉠ - ㉣ - ㉢ - ㉡
② ㉡ - ㉢ - ㉣ - ㉠
③ ㉢ - ㉣ - ㉡ - ㉠
④ ㉣ - ㉢ - ㉠ - ㉡

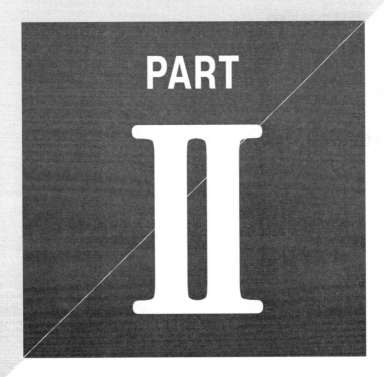

제2회 모의고사

01 수리능력

02 추리능력

03 지각능력

CHAPTER 01

수리능력

☞ 정답 및 해설 p.254

〉〉**40문항** ⊙**15분**

∣01~10∣ 다음 식을 계산하여 알맞은 답을 고르시오.

01

$$3253 \times 10^{-3}$$

① 325.3   ② 0.3253

③ 3.253   ④ 32.53

02

$$8.93 + 76.8$$

① 83.89   ② 85.73

③ 84.74   ④ 85.76

03

$$0.98 - 0.23$$

① 0.75   ② 0.65

③ 0.85   ④ 0.77

04

| 8400 × 30% |

① 0.2520 ② 2,520
③ 2,420 ④ 252

05

$$\frac{4}{9} - \frac{7}{3}$$

① $-\dfrac{14}{9}$ ② $-\dfrac{16}{9}$

③ $-\dfrac{15}{8}$ ④ $-\dfrac{17}{9}$

06

$$2^3 \times 3^4 \times 4$$

① 864 ② 1296
③ 2592 ④ 3456

07

$$\sqrt{16} + \sqrt{144} - \sqrt{169}$$

① 3   ② 4

③ 5   ④ 6

08

$$-6 \times (-2)^3 \div \frac{1}{2}$$

① 48   ② -48

③ -96   ④ 96

09

$$\frac{5}{8} \times 7 \div \frac{7}{2}$$

① $\frac{5}{3}$ ② $\frac{5}{4}$

③ $\frac{7}{4}$ ④ 2

10

$$\frac{8}{7} \times \frac{3}{5} \div 14$$

① $\frac{24}{5}$ ② $\frac{2}{34}$

③ $\frac{23}{52}$ ④ $\frac{12}{245}$

┃11~17┃ 다음 계산식의 빈칸에 들어갈 알맞은 수 또는 연산기호를 고르시오.

11

$$16 \times 8 - (\quad) = 124$$

① 3 ② 4

③ 5 ④ 6

12

$$79 \times 24 \div (\quad) = 237$$

① 8 ② 9

③ 5 ④ 7

13

$$(\quad) - 36 \div 2 = 40$$

① 52   ② 54

③ 56   ④ 58

14

$$135 \div (\quad) + 5 = 50$$

① 3   ② 5

③ 7   ④ 9

15

$$15 \times (\quad) - 30 = 90$$

① 4   ② 5

③ 8   ④ 9

16

$$23 \times 7 \ (\quad) \ 61 = 100$$

① +   ② −

③ ×   ④ ÷

17

$$2 \times (\quad) - 1978 = 4578$$

① 4321 ② 3263

③ 3522 ④ 3278

┃18~25┃ 다음에 주어진 A와 B값의 대소 관계를 바르게 비교한 것을 고르시오.

18

- A : 0.569 - B : 0.0569

① A > B ② A < B

③ A = B ④ 비교할 수 없다.

19

- A : 6m/s - B : 22km/h

① A > B ② A < B

③ A = B ④ 비교할 수 없다.

20

• A : 정십이면체 꼭짓점의 수	• B : 정팔면체 모서리의 수

① A > B   ② A < B

③ A = B   ④ 비교할 수 없다.

21

$2a < 3b+7$일 때,

• $A : a+b+7$ • $B : 4b-a$

① A > B   ② A < B

③ A = B   ④ 비교할 수 없다.

22

• $A : 4\frac{3}{5}$ • $B : 3\frac{5}{4}$

① A > B   ② A < B

③ A = B   ④ 비교할 수 없다.

23

• A : $\dfrac{6}{15}$	• B : 0.4

① A > B   ② A < B

③ A = B   ④ 비교할 수 없다.

24

• A : $(-2)^2$	• B : $4^{\frac{1}{2}}$

① A > B   ② A < B

③ A = B   ④ 비교할 수 없다.

25

• A : 480과 360의 최대공약수	• B : 48과 64의 최소공배수

① A > B   ② A < B

③ A = B   ④ 비교할 수 없다.

26 정육면체 A의 밑면의 세로길이가 21cm, 밑면의 가로길이가 4cm이고, 정육면체 B의 밑면의 넓이가 22㎠, 부피가 110㎤이다. 두 정육면체의 높이가 같을 때, 정육면체 A의 부피는 얼마인가?

① 400㎤   ② 420㎤

③ 440㎤   ④ 460㎤

27 부피가 125인 정육면체의 한 변의 길이를 A, 겉넓이를 B 라고 할 때, $\dfrac{A}{B}$ 는 얼마인가?

① $\dfrac{1}{15}$ ② $\dfrac{1}{30}$

③ $\dfrac{1}{50}$ ④ $\dfrac{1}{150}$

28 행사를 위해 500m 길 양측에 3종류의 나무를 심으려고 한다. A나무는 7m마다, B나무는 9m마다 심었을 때, C나무는 몇 m마다 심었는가? (단, 새로 심은 나무는 총 342그루이고, 처음과 끝에는 심지 않았다.)

① 8m   ② 9m

③ 10m   ④ 11m

29 박스 안에 무작위로 섞인 흰 종이 6장과 검은 종이 3장 중 연속하여 2장을 꺼낼 때, 첫 번째 종이가 흰색이고 두 번째 종이가 검은색일 확률은? (단, 꺼낸 종이는 다시 넣지 않는다.)

① $\dfrac{1}{3}$　　　　　　　　　　　② $\dfrac{1}{6}$

③ $\dfrac{1}{4}$　　　　　　　　　　　④ $\dfrac{1}{8}$

30 길이가 30cm, 40cm인 양초 2자루가 있다. 불을 붙이면 길이가 30cm인 양초는 1분에 0.2cm씩 짧아진다고 한다. 동시에 불을 붙였을 때, 타고 남은 두 양초가 길이가 같아지는 것은 25분 후라면 40cm인 양초는 1분에 몇 cm씩 짧아지는 것인가?

① 0.3cm　　　　　　　　　　② 0.4cm

③ 0.5cm　　　　　　　　　　④ 0.6cm

31 연속한 세 자연수 중, 가장 작은 숫자에 2를 곱한 후에 세 수를 합해보니 51이 나왔다. 연속한 세 숫자 중 가장 큰 수는 얼마인가?

① 12　　　　　　　　　　　② 13

③ 14　　　　　　　　　　　④ 15

32 영수가 편의점에서 반 친구들에게 나눠 줄 핫도그와 햄버거를 구매하려고 할 때 핫도그는 1,500원이고 햄버거는 3,000원이다. 핫도그 수는 햄버거 수의 3배이고 모두 30,000원을 지불했다면 구입한 햄버거는 몇 개인가?

① 1개   ② 2개

③ 3개   ④ 4개

33 가로가 600cm, 세로가 500cm인 거실의 넓이는 몇 m^2인가?

① $10m^2$ ② $20m^2$

③ $30m^2$ ④ $40m^2$

34 집에서 공원까지 시속 4km로 걸어서 가는 것과 시속 20km로 전기 자전거를 타고 가는 것과는 1시간의 차이가 난다고 한다. 이 때 집과 공원 사이의 거리로 옳은 것은?

① 5km   ② 6km

③ 7km   ④ 8km

35 지훈, 영훈, 영호, 성민, 민수 5명 중에서 청소를 해야 할 친구 2명을 순서를 고려하지 않고 뽑을 경우 방법의 수는?

① 8가지   ② 10가지

③ 12가지   ④ 14가지

36 A도시와 B도시 사이를 운행하는 기차의 요금이 다음과 같다. 어느 날 A도시에서 18명의 성인과 7명의 어린이가 함께 기차를 타고 B도시로 가려고 할 때, 단체 할인을 적용한 총 요금은 얼마인가?

- 성인 요금 : 40,000원
- 어린이 요금 : 성인 요금의 50%
- 단체 할인 : 20명 이상일 경우, 총 요금의 10% 할인 적용

① 774,000원

② 800,000원

③ 834,000원

④ 860,000원

37 다음은 민주가 야간에 본 사람의 성별을 구분하는 능력에 대한 실험 결과표이다. 민주가 야간에 본 사람의 성별을 정확하게 구분할 확률은 얼마인가?

민주의 판정 실제성별	여자	남자	계
여자	34	15	49
남자	16	35	51
계	50	50	100

① 68%

② 69%

③ 70%

④ 71%

| 38~39 | 다음은 A역~I역 임시 급행열차와 Q역 셔틀 운행시간 변경표이다. 물음에 답하시오.

〈A역 → I역 임시 급행열차 변경 운행시간〉

열차번호	A역	B역	C역	D역	E역	F역	G역	H역	I역
가1970	06:25	06:33	06:38	06:42	06:46	06:52	06:57	07:05	07:15
가1972	07:13	07:22	07:27	07:31	07:35	07:41	07:46	07:54	08:06

〈Q역 셔틀 변경 운행시간〉

구분	열차번호	변경 전			변경 후		
상행	가7006	Q역 08:35	→	H역 08:54	Q역 08:06	→	H역 08:25
	가7012	Q역 11:05	→	H역 11:24	Q역 11:17	→	H역 11:36
	가7016	Q역 13:00	→	H역 13:19	Q역 12:51	→	H역 13:10
	가7024	Q역 16:36	→	H역 16:55	Q역 16:30	→	H역 16:49
하행	가7003	H역 06:23	→	Q역 06:42	H역 06:15	→	Q역 06:34
	가7009	H역 09:16	→	Q역 09:35	H역 09:10	→	Q역 09:29
	가7027	H역 17:13	→	Q역 17:32	H역 17:14	→	Q역 17:33

38 수정이는 오전 7시 43분에 G역에 도착했다. 수정이는 임시 급행열차를 G역에서 탑승해서 H역에서 내린 후, H역에서 최대한 빠른 하행 Q역 셔틀을 탈 예정이다. 수정이가 H역에서 가장 빨리 탈 수 있는 Q역 셔틀의 열차번호와 출발시간은? (Q역 셔틀 운행 시간은 변경 후를 적용한다.)

① 가7003, 오전 6시 15분
② 가7012, 오전 11시 17분
③ 가7009, 오전 9시 10분
④ 가7027, 오후 5시 14분

39 상행 Q역 셔틀 중에서 출발시간의 변경 증감이 가장 큰 셔틀은 어느 것인가?

① 가7016
② 가7012
③ 가7024
④ 가7006

40 다음 자료는 A보건사회연구원에서 발행한 자료이다. 자료를 보고 아래 내용에 대한 설명으로 가장 옳지 않은 것을 고르면?

〈A보건사회연구원 자료〉

(단위 : 명)

연도	2015	2020	2025	2030
면허등록 간호사	321,503	388,775	460,641	537,101
가용간호사	269,717	290,209	306,491	317,996
임상취업간호사	115,601	124,384	131,362	136,293
비임상취업간호사	22,195	23,882	25,222	26,168
전체 취업간호사	137,796	148,226	156,584	162,461

① 2020년 가용간호사와 임상취업간호사 수의 합을 면허등록 간호사 수보다 많다.

② 2015년 면허등록 간호사와 가용간호사 수의 합은 2030년 면허등록 간호사 수보다 많다.

③ 2030년 가용간호사와 전체 취업간호사 수의 합은 2025년 면허등록 간호사 수보다 적다.

④ 2020년 임상취업간호사와 2025년 임상취업간호사 수의 합은 2015년 가용간호사 수보다 적다.

CHAPTER 02

추리능력

☞ 정답 및 해설 p.258

〉〉**40문항** ◷**20분**

| 01~10 | 다음의 제시된 숫자의 배열을 보고 규칙을 적용하여 빈칸에 들어갈 수를 고르시오.

01

> 7 8 10 13 17 22 ( )

① 28   ② 29

③ 30   ④ 31

02

> 1 4 13 40 ( ) 364

① 118   ② 119

③ 120   ④ 121

03

> $\dfrac{5}{6}$ $\dfrac{13}{8}$ $\dfrac{15}{16}$ $\dfrac{23}{18}$ ( ) $\dfrac{33}{28}$

① $\dfrac{31}{26}$ ② $\dfrac{29}{26}$

③ $\dfrac{25}{26}$ ④ $\dfrac{27}{26}$

04

$$\frac{2}{3} \quad \frac{5}{2} \quad (\ ) \quad \frac{12}{7} \quad \frac{19}{12}$$

① $\dfrac{7}{5}$ ② $\dfrac{11}{5}$

③ $\dfrac{10}{7}$ ④ $\dfrac{11}{7}$

05

$$3 \quad 7 \quad 15 \quad 27 \quad 43 \quad (\ )$$

① 14 ② 23

③ 55 ④ 63

06

$$\frac{5}{12} \quad \frac{12}{17} \quad (\ ) \quad \frac{29}{46} \quad \frac{46}{75}$$

① $\dfrac{14}{25}$ ② $\dfrac{16}{27}$

③ $\dfrac{17}{29}$ ④ $\dfrac{18}{31}$

07

$$\frac{1}{2} \quad \frac{2}{3} \quad \frac{6}{5} \quad (\quad) \quad \frac{330}{41}$$

① $\frac{24}{7}$

② $\frac{31}{9}$

③ $\frac{37}{9}$

④ $\frac{30}{11}$

08

$$\frac{3}{4} \quad \frac{15}{2} \quad \frac{13}{14} \quad \frac{25}{12} \quad (\quad) \quad \frac{35}{22}$$

① $\frac{15}{16}$

② $\frac{23}{24}$

③ $\frac{25}{24}$

④ $\frac{19}{27}$

09

$$\frac{2}{3} \quad \frac{1}{6} \quad \frac{5}{6} \quad (\quad) \quad \frac{29}{30}$$

① $\frac{7}{15}$

② $\frac{1}{30}$

③ $\frac{11}{30}$

④ $\frac{5}{41}$

10

$$\frac{3}{5} \quad \frac{9}{8} \quad \frac{18}{17} \quad (\ ) \quad \frac{72}{71}$$

① $\frac{36}{35}$ ② $\frac{37}{36}$

③ $\frac{34}{35}$ ④ $\frac{35}{36}$

| 11~15 | 다음은 일정한 규칙으로 나열된 문자이다. 빈칸에 들어갈 알맞은 문자를 고르시오.

11

ㄴ – ㄹ – ㅂ – ㅇ – ( ) – ㅌ

① ㅊ   ② ㅎ
③ ㅈ   ④ ㅋ

12

C – F – I – L – O – R – ( )

① Z   ② J
③ U   ④ W

13

> ㄹ － D － ㅇ － H － ( ) － L

① ㅊ   ② ㅌ

③ ㅋ   ④ ㅅ

14

> $\dfrac{A}{B}$ $\dfrac{C}{E}$ $\dfrac{E}{H}$ ( ) $\dfrac{I}{N}$ $\dfrac{K}{Q}$

① $\dfrac{G}{K}$ ② $\dfrac{C}{N}$

③ $\dfrac{L}{Q}$ ④ $\dfrac{S}{T}$

15

> $\dfrac{N}{ㄷ}$ $\dfrac{ㅍ}{D}$ $\dfrac{L}{ㅁ}$ ( ) $\dfrac{J}{ㅅ}$ $\dfrac{ㅈ}{H}$

① $\dfrac{K}{ㅂ}$ ② $\dfrac{S}{ㅅ}$

③ $\dfrac{ㅈ}{Q}$ ④ $\dfrac{ㅋ}{F}$

16∼20 다음의 밑줄 친 수들의 규칙을 파악하여 빈칸에 알맞은 수를 고르시오.

16

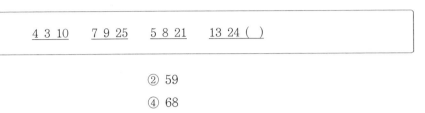

4 3 10   7 9 25   5 8 21   13 24 ( )

① 45   ② 59
③ 61   ④ 68

17

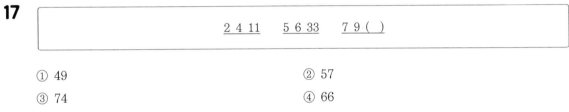

2 4 11   5 6 33   7 9 ( )

① 49   ② 57
③ 74   ④ 66

18

7 5 14   8 2 42   9 6 21   10 6 ( )

① 23   ② 28
③ 15   ④ 46

19

2 3 7   3 4 80   4 2 ( )

① 3   ② 9
③ 12   ④ 15

20

$3\ 2\ \dfrac{5}{9}$ $4\ 3\ \dfrac{7}{64}$ $5\ 2\ (\quad)$

① $\dfrac{7}{25}$ ② $\dfrac{11}{27}$
③ $\dfrac{13}{29}$ ④ $\dfrac{5}{31}$

▌21~23▐ 다음에 주어진 연산기호의 규칙을 파악하여 빈칸에 들어갈 알맞은 수를 고르시오.

21

$9*5=\dfrac{5}{14}$ $7*4=\dfrac{4}{11}$ $5*2=(\quad)$

① $\dfrac{3}{8}$ ② $\dfrac{4}{7}$
③ $\dfrac{3}{5}$ ④ $\dfrac{2}{7}$

22

$$7 \diamond 3 = 23 \qquad 8 \diamond 7 = 58 \qquad 9 \diamond 5 = (\ \ )$$

① 43

② 44

③ 45

④ 47

23

$$23 \blacktriangle 62 = 44 \qquad 32 \blacktriangle 71 = 16 \qquad 42 \blacktriangle 92 = (\ \ )$$

① 7

② 97

③ 85

④ 26

┃24~25┃ 다음 중 나머지 보기와 다른 하나를 고르시오.

24   ① ADCF

② ㄱㄹㄷㅂ

③ 갑정병기

④ 빨주노초

25   ① AFKP

② BDFH

③ LNPR

④ TVXZ

| 26～30 | 다음 도형들의 일정한 규칙을 찾아 빈칸에 들어갈 도형을 고르시오.

26

1	A	8
B	ㄱ	O
4	N	16

2	C	9
D	ㄹ	Q
5	P	17

3	E	10
F	ㅅ	S
6	R	18

?

5	I	12
J	ㅍ	W
8	V	20

①
4	G	11
H	ㅎ	V
9	T	18

②
4	G	11
H	ㅊ	U
7	T	19

③
4	G	11
H	ㅋ	U
6	T	18

④
6	G	11
H	ㅊ	U
7	T	20

27

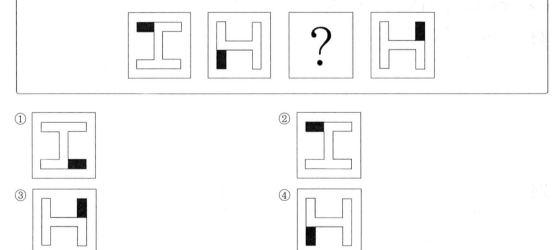

① ② ③ ④

28

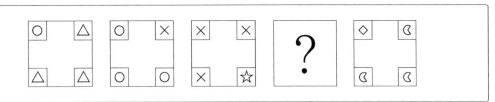

① ② ③ ④

29

① ② ③ ④

30

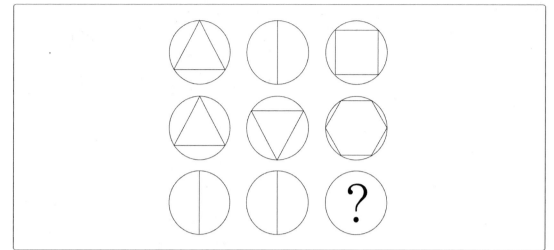

①

②

③

④

31 마찰이 없는 수평면 위에 정지해 있던 질량 10kg의 물체에 수평 방향으로 일정한 힘을 가했더니 2m/s²의 가속도로 운동하였다. 가한 힘의 크기는?

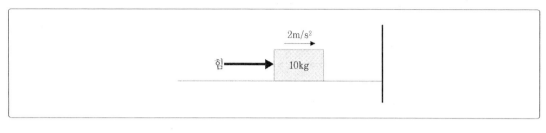

① 5N
② 10N
③ 20N
④ 40N

32 전류의 열작용을 이용한 전기 기구가 아닌 것은?

① 전기 밥솥
② 전기 다리미
③ 스팀 청소기
④ 휴대폰 충전기

33 그림은 지면 위에 있는 물체에 작용하는 힘들을 나타낸 것이다. '물체가 지구를 잡아당기는 힘'에 대한 반작용에 해당하는 힘은?

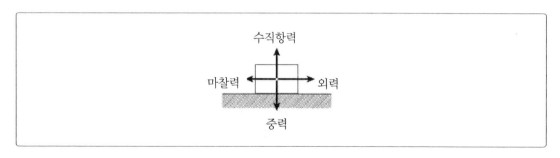

① 중력
② 외력
③ 마찰력
④ 수직항력

34 그림 (가), (나)와 같은 도르래를 사용하여 각각 무게가 80N인 물체를 천천히 2m 높이만큼 들어 올리려고 한다. 줄을 잡아당길 때 당기는 힘(F)과 당겨야 하는 줄의 길이(L) 한 일의 양(W)을 옳게 짝지은 것은? (단, 도르래의 무게와 마찰은 무시한다.)

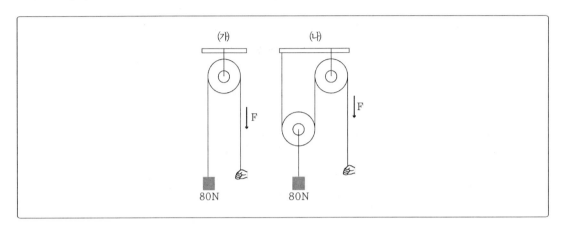

		힘(F)	줄의 길이(L)	일의 양(W)
①	(가)	80N	2m	200J
②	(가)	40N	2m	80J
③	(나)	80N	4m	320J
④	(나)	40N	4m	160J

35 다음은 형광등의 에너지 변환에 관한 설명이다. 전환된 빛 에너지가 40J이라면, 공급된 전기 에너지는 얼마인가?

- 에너지 전환 : 전기 에너지 → 빛 에너지 + 열 에너지
- 빛 에너지 전환 효율 : 20%

① 20J   ② 40J

③ 100J   ④ 200J

36 다음 현상과 같은 원리로 설명할 수 있는 것은?

> 버스가 정지해 있다가 갑자기 출발할 때 승객의 몸은 뒤로 쏠리게 된다.

① 보트가 노를 젓는 방향의 반대쪽으로 나아간다.
② 가위를 이용해 종이를 오렸다.
③ 달리던 사람이 돌부리에 걸리면 넘어진다.
④ 새총을 가지고 새를 잡았다.

37 다음과 같이 전압 220V에 전구를 연결한 후 회로에 흐르는 전류를 측정했다. 이 회로를 흐르는 전류의 세기가 800mA일 때 전구의 저항은 몇 Ω인가?

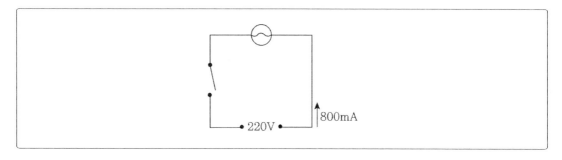

① 275Ω
③ 285Ω

② 280Ω
④ 290Ω

38 다음은 전압이 동일한 전지를 다양한 방법으로 연결한 회로이다. 전구의 밝기가 가장 밝은 회로(ㄱ)와 가장 오랫동안 켤 수 있는 회로(ㄴ)를 짝지은 것 중 옳은 것은?

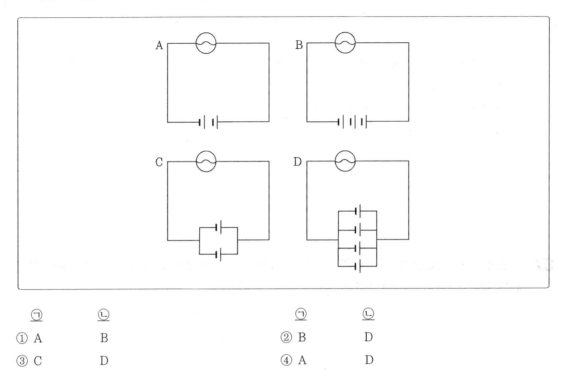

	㉠	㉡		㉠	㉡
①	A	B	②	B	D
③	C	D	④	A	D

39 저항이 40Ω인 전구에 흐르는 전류가 200mA일 때, 이 전구의 양쪽 끝에 걸리는 전압은?

① 2V   ② 4V

③ 6V   ④ 8V

40 전압 220V에 두 저항을 연결한 회로를 나타낸 것이다. 전체전류(I)는 몇 A인가?

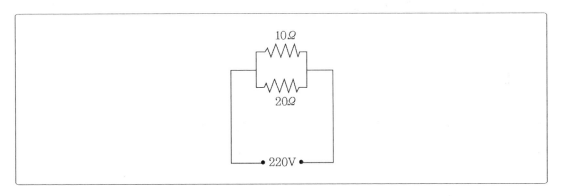

① 33A
② 34A
③ 35A
④ 36A

CHAPTER 03

지각능력

☞ 정답 및 해설 p.263

>> **40문항** ⊙ **10분**

▌01~10▐ 다음에 주어진 문자의 좌우가 같으면 ①, 다르면 ②를 선택하시오.

01

946515679746	946515679746

① 같다　　　　　　　　　　② 다르다

02

家小都毛裸茶裸米邏冗冬	家小都毛裸茶裸米邏冗冬

① 같다　　　　　　　　　　② 다르다

03

555555055550505	550555055550500

① 같다　　　　　　　　　　② 다르다

04

WGHERHDVBFH   WGHERHRVBCH

① 같다   ② 다르다

05

REFRIGERATOR   REFRIGERATOR

① 같다   ② 다르다

06

あはほおけすいえ   あはがおけすいえ

① 같다   ② 다르다

07

ሀለሐመሠረሰቀ   ሀለሐመሠረሰቀ

① 같다   ② 다르다

08

| ●내코◎가◆석자▽다 | ●내코◎가◆석자▽다 |

① 같다   ② 다르다

09

| 신책구천문묘산궁지리 | 신책구천문묘산웅지리 |

① 같다   ② 다르다

10

| 전승공기고지족원운지 | 전승공지고지족원군지 |

① 같다   ② 다르다

┃11~15┃ 다음 주어진 두 문자에서 다른 곳의 개수를 고르시오.

11

① 없음   ② 1개
③ 2개   ④ 3개

12

오☎늘도 좋숇은 하♪루 보내세요   오☎늘만 좋숇은 하♫루 보내셔요

① 없음   ② 1개
③ 2개   ④ 3개

13

Look back at your past   Look back at your pest

① 없음   ② 1개
③ 2개   ④ 3개

14

▧▤▨▣□▥▥   ▧▤▨▣□▥▥

① 없음   ② 1개
③ 2개   ④ 3개

15

가☆재는✿계편✪이다✿   가☆재는✿계편✪이다✿

① 없음   ② 1개
③ 2개   ④ 3개

┃16~18┃ 다음 중 제시된 보기와 다른 하나를 고르시오.

16

> ☰ ☷ ☲ ☵ ☷

① ☰ ☷ ☲ ☰ ☷　　　② ☰ ☷ ☲ ☵ ☷

③ ☰ ☷ ☲ ☵ ☰　　　④ ☰ ☷ ☲ ☵ ☷

17

> ≫《≫≫《《≫《

① ≫《≫≫《《≫《　　　② ≫《≫≫《《≫《

③ ≫《≫≫《《≫《　　　④ ≫《《≫《《≫《

18

> Turn in your paper

① Turn in your paper　　　② Turn in your paper

③ Turn in your paper　　　④ Turn in your papor

19 다음 짝지어진 문자 중에서 서로 같은 것을 고르시오.

① 9909909090900 – 9909999090909

② QTEGWERGWEG – QTEGWERGWEG

③ 갸쟈아다댜푸지야충투 – 갸자아다댜포지야충퉁

④ 家娜茶螺馬事牙自 – 家工茶螺馬事句自

20 다음 짝지어진 문자 중에서 서로 다른 것을 고르시오.

① 7707770707070 – 7707770707070

② 77777777077707 – 77777777077707

③ 700007770707 – 700007770707

④ 700000707070 – 700000777000

┃21~25┃ 다음에 주어진 블록의 개수를 구하시오.

21

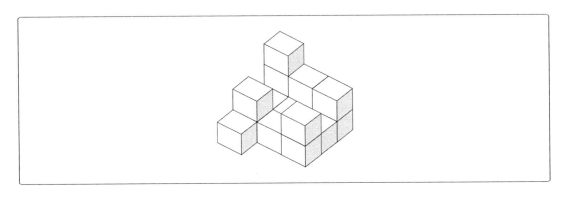

① 15개   ② 16개

③ 17개   ④ 18개

22

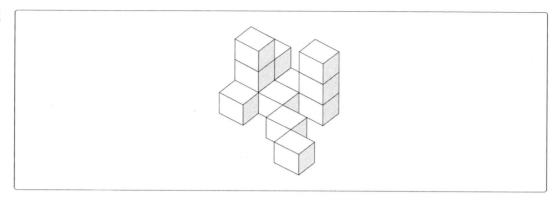

① 13개   ② 14개

③ 15개   ④ 16개

23

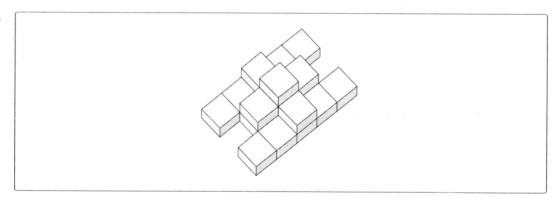

① 16개   ② 17개

③ 18개   ④ 19개

24

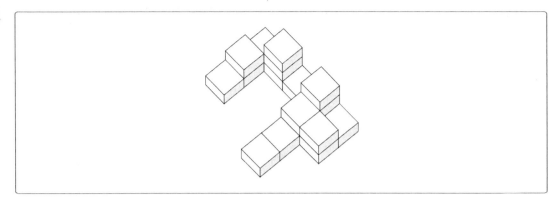

① 16개   ② 17개

③ 18개   ④ 19개

25

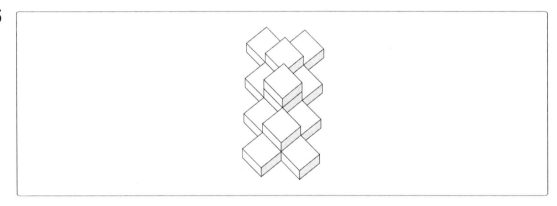

① 13개   ② 14개

③ 15개   ④ 16개

┃26~30┃ 다음에 주어진 블록에 추가로 블록을 쌓아 정육면체를 만들려고 할 때, 몇 개의 블록이 더 필요한지 구하시오. (단, 모든 블록의 크기와 모양은 같다)

26

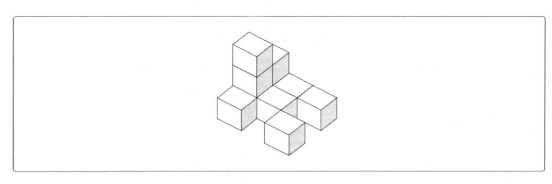

① 14개   ② 15개
③ 16개   ④ 17개

27

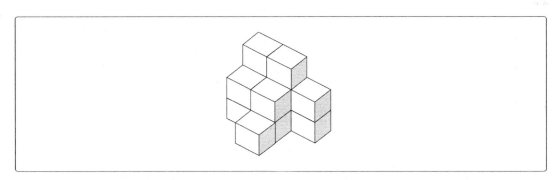

① 14개   ② 15개
③ 16개   ④ 17개

28

① 1개   ② 2개
③ 3개   ④ 4개

29

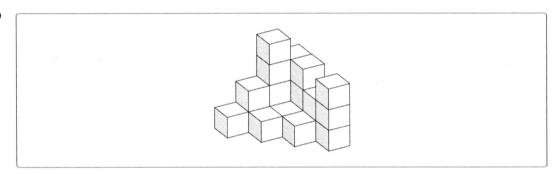

① 42개   ② 43개
③ 44개   ④ 45개

30

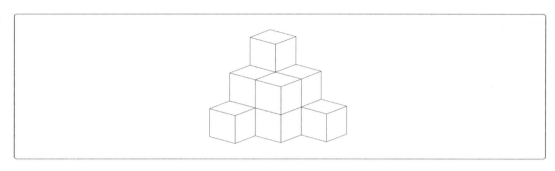

① 16개   ② 24개

③ 28개   ④ 34개

▮31~33▮ 다음과 같이 쌓인 블록의 바닥면을 제외하고 밖으로 노출된 모든 면에 페인트를 칠하려고 한다. 한 면에만 페인트칠이 되는 블록은 모두 몇 개인지 고르시오.

31

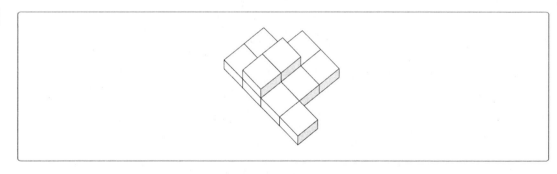

① 1개   ② 2개

③ 3개   ④ 4개

32

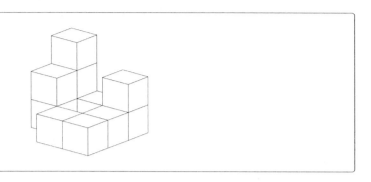

① 0개   ② 2개
③ 3개   ④ 5개

33

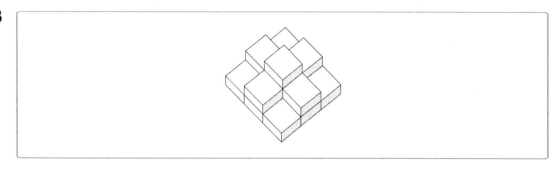

① 3개   ② 4개
③ 5개   ④ 6개

│34~36│ 다음에 제시된 그림과 같은 그림을 고르시오.

34

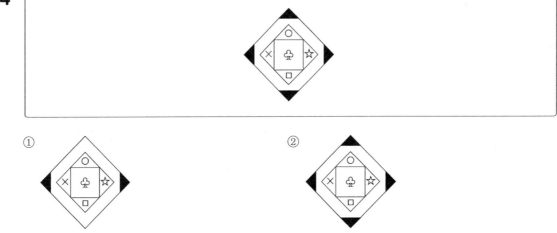

①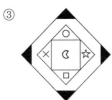

②

③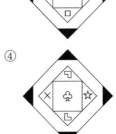

④

35

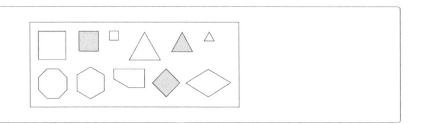

① 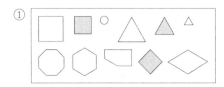　②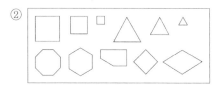

③ 　④

36

① 　②

③ 　④

▌37～40 ▌ 다음에 분할된 그림을 하나의 완성된 그림으로 만들기 위해 순서대로 나열한 것을 고르시오.

37

① ㉡ - ㉢ - ㉣ - ㉠ ② ㉡ - ㉣ - ㉢ - ㉠
③ ㉢ - ㉠ - ㉣ - ㉡ ④ ㉢ - ㉠ - ㉡ - ㉣

38

① ㉠ - ㉣ - ㉡ - ㉢ ② ㉠ - ㉡ - ㉣ - ㉢
③ ㉡ - ㉠ - ㉣ - ㉢ ④ ㉡ - ㉣ - ㉠ - ㉢

39

① ㄷ - ㄹ - ㄱ - ㄴ   ② ㄷ - ㄹ - ㄴ - ㄱ

③ ㄱ - ㄹ - ㄴ - ㄷ   ④ ㄱ - ㄹ - ㄷ - ㄴ

40

① ㄷ - ㄴ - ㄹ - ㄱ   ② ㄷ - ㄴ - ㄱ - ㄹ

③ ㄱ - ㄴ - ㄷ - ㄹ   ④ ㄱ - ㄴ - ㄹ - ㄷ

PART

III

제3회 모의고사

01 수리능력

02 추리능력

03 지각능력

CHAPTER 01

수리능력

☞ 정답 및 해설 p.267

〉〉**40문항** ⊙**15분**

▌01~10▌ 다음 식을 계산하여 알맞은 답을 고르시오.

01

$$498 + 78 - 60.1$$

① 513.7　　　　　　　　② 514.8

③ 515.9　　　　　　　　④ 516.4

02

$$0.63 \times 4.8 \times 7.88$$

① 23.82912　　　　　　　② 20.82913

③ 21.79462　　　　　　　④ 22.45162

03

$$7 + 81 \div 3 \times 12$$

① 314　　　　　　　　② 329

③ 349　　　　　　　　④ 331

04

$$8^3 - 6^2 + 3^4$$

① 546   ② 557

③ 567   ④ 579

05

$$\sqrt{8} \times \sqrt{6} \times \sqrt{7}$$

① $6\sqrt{19}$ ② $5\sqrt{23}$

③ $3\sqrt{21}$ ④ $4\sqrt{21}$

06

$$\frac{3}{8} \times \frac{4}{17} \times 6$$

① $\dfrac{7}{19}$ ② $\dfrac{9}{17}$

③ $\dfrac{5}{21}$ ④ $\dfrac{3}{7}$

07

$$6.486 \div 1.2 \div 5$$

① 3.497   ② 2.125

③ 1.081   ④ 1.186

08

$$1581 \times 35 \times 22$$

① 1358181   ② 1325483

③ 1270235   ④ 1217370

09

$$77 + 888 + 9999$$

① 10964   ② 11548

③ 12396   ④ 13682

10

$$248 - 378 - 468$$

① -468 ② -598

③ -682 ④ -726

┃11~15┃ 다음 계산식의 빈칸에 들어갈 알맞은 수 또는 연산기호를 고르시오.

11

$$36 \times (\quad) - 53 = 127$$

① 5   ② 6

③ 7   ④ 8

12

$$35 \times 8 - (\quad) = 162$$

① 98   ② 108

③ 118   ④ 128

13

$$19 \times (\quad) + 16 = 624$$

① 26   ② 28

③ 30   ④ 32

14

$$26 \times 35\ (\quad)\ 5 = 182$$

① +   ② −
③ ×   ④ ÷

15

$$72 - (\quad) \times 2 + 3.5 = 25.5$$

① 11   ② 17
③ 25   ④ 36

▌16~25▐ 다음에 주어진 A와 B값의 대소 관계를 바르게 비교한 것을 고르시오.

16

• $A : \dfrac{4}{7}$ • $B : 0.789$

① $A > B$ ② $A < B$
③ $A = B$ ④ 비교할 수 없다.

17

$$\cdot A : \frac{3}{4} \qquad\qquad \cdot B : \frac{2}{5}$$

① $A > B$ ② $A < B$
③ $A = B$ ④ 비교할 수 없다.

18

$$\cdot A : \frac{4}{11} \qquad\qquad \cdot B : 0.347$$

① $A > B$ ② $A < B$
③ $A = B$ ④ 비교할 수 없다.

19

$a + 2b = 4$일 때,
$\cdot A : 4a + 5b + 5 \qquad\qquad \cdot B : 3a + 3b + 10$

① $A > B$ ② $A < B$
③ $A = B$ ④ 비교할 수 없다.

20

> • $A : \sqrt{29} - 1$ • $B : \sqrt[3]{60}$

① $A > B$ ② $A < B$

③ $A = B$ ④ 비교할 수 없다.

21

> • A : 주사위를 네 번 던져서 합이 5가 나올 경우의 수
> • B : 주사위를 네 번 던져서 합이 23이 나올 경우의 수

① $A > B$ ② $A < B$

③ $A = B$ ④ 비교할 수 없다.

22

> • A : 585와 208의 최대공약수
> • B : 154와 66의 최대공약수

① $A > B$ ② $A < B$

③ $A = B$ ④ 비교할 수 없다.

23

- $A : 30m/s$
- $B : 100km/h$

① $A > B$ ② $A < B$

③ $A = B$ ④ 비교할 수 없다.

24

- A : 정육면체 모서리 수 + 면의 수
- B : 15

① $A > B$ ② $A < B$

③ $A = B$ ④ 알 수 없다.

25

- A : 원 $(x-2)^2 + (y-5)^2 = 36$의 넓이
- B : 구 $x^2 + (y-4)^2 + (z-1)^2 = 9$의 겉넓이

① $A > B$ ② $A < B$

③ $A = B$ ④ 알 수 없다.

26 K회사의 직원은 작년에 730명이었고, 올해는 작년보다 30명이 증가했다. 작년의 여자 직원은 500명이었고 올해에 3% 증가하였다면, 남자 직원은 작년에 비하여 몇 % 증감하였는가? (소수점 둘째자리에서 반올림하시오.)

① 약 4.1% 감소하였다.

② 약 6.5% 증가하였다.

③ 약 11.4% 증가하였다.

④ 변화 없다.

27 매달 상수는 2,000원씩, 지숙이는 800원씩 저축을 할 예정이다. 상수가 지숙이의 예금액의 2배가 되는 것은 20개월 후라고 한다. 지숙이가 처음 5,000원을 예금을 했다면 상수가 처음 예금한 금액은 얼마인가?

① 1,000원

② 1,500원

③ 2,000원

④ 2,500원

28 지우개 5개와 연필 8개를 구매하기 위해 6,700원이 필요하고, 지우개 2개와 연필 11개를 구매하기 위해 5,800원이 필요하다. 이 때, 10,000원으로 최대한 많은 수의 지우개를 구매하고 남은 금액으로 연필을 구매한다면, 구매할 수 있는 연필의 수는?

① 0개

② 1개

③ 2개

④ 3개

29 오후 1시 36분에 사무실을 나와 분속 70m의 일정한 속도로 서울역까지 걸어가서 20분간 내일 부산 출장을 위한 승차권 예매를 한 뒤, 다시 분속 50m의 일정한 속도로 걸어서 사무실에 돌아와 시계를 보니 2시 32분이었다. 이때 걸은 거리는 모두 얼마인가?

① 1,050m
② 1,500m
③ 1,900m
④ 2,100m

30 한 학년에 세 반이 있는 학교가 있다. 학생수가 A반은 20명, B반은 30명, C반은 50명이다. 수학 점수 평균이 A반은 70점, B반은 80점, C반은 60점일 때, 이 세 반의 평균은 얼마인가?

① 62점
② 64점
③ 66점
④ 68점

31 길이가 300m인 화물열차가 어느 다리를 건너는 데 60초가 걸리고, 길이가 150m인 새마을호는 이 다리를 화물열차의 2배의 속력으로 27초 안에 통과한다. 이 때, 다리의 길이는?

① 1km
② 1.2km
③ 1.4km
④ 1.5km

32 서울 사람 2명과 대전 사람 2명, 대구, 부산, 세종 사람 각 1명씩 모여 7개의 의자에 일렬로 앉았다. 양쪽 끝에 같은 지역의 사람이 앉아있을 확률은?

① $\dfrac{1}{21}$ 　　　　　　　　　② $\dfrac{2}{21}$

③ $\dfrac{4}{21}$ 　　　　　　　　　④ $\dfrac{5}{21}$

33 승호는 두 살 터울의 동생이 있다. 동생과 승호의 나이의 합은 엄마의 나이의 2/3이고 11년 후에는 동생과 승호의 나이의 합은 엄마의 나이와 같아진다. 현재 동생과 엄마의 나이의 합은 얼마인가?

① 41 　　　　　　　　　② 43

③ 45 　　　　　　　　　④ 47

34 56분이 1시간으로 되어 있는 시계가 있다. 12시에 일반시계와 같도록 맞춘 후 나중에 시간을 보니 6시 30분이었다. 실제 시간은?

① 6시 　　　　　　　　　② 6시 4분

③ 6시 10분 　　　　　　　　　④ 6시 14분

35 A반 40명의 학생 중에서 딸기를 좋아하는 학생은 30명, 사과를 좋아하는 학생은 25명이다. 딸기와 사과를 모두 좋아하는 학생이 20명이라고 할 때, A반에서 딸기와 사과 모두 좋아하지 않는 학생은 몇 명인지 구하면?

① 5명   ② 6명
③ 7명   ④ 8명

36 다음은 Y지역의 연도별 65세 기준 인구의 분포를 나타낸 자료이다. 이에 대한 올바른 해석은 어느 것인가?

구분	인구 수(명)		
	계	65세 미만	65세 이상
2010년	66,557	51,919	14,638
2011년	68,270	53,281	14,989
2012년	150,437	135,130	15,307
2013년	243,023	227,639	15,384
2014년	325,244	310,175	15,069
2015년	465,354	450,293	15,061
2016년	573,176	557,906	15,270
2017년	659,619	644,247	15,372

① 전체 인구수는 매년 지속적으로 증가하였다.
② 65세 이상 인구수는 매년 지속적으로 증가하였다.
③ 65세 이상 인구수는 매년 전체의 5% 이상이다.
④ 전년 대비 65세 이상 인구수가 가장 많이 변화한 3개 연도는 2011년, 2012년, 2016년이다.

37 다음은 A 드라마의 시청률을 나타낸 그래프이다. 그래프에 대한 설명으로 옳은 것은?

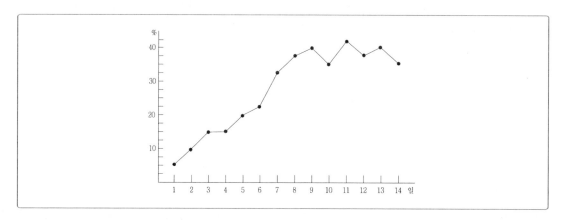

① A 드라마의 시청률은 꾸준히 감소하고 있다.

② 9일 이후 A 드라마의 시청률은 꾸준히 하락하고 이다.

③ 13일에 A 드라마는 최고 시청률을 기록하였다.

④ 3일의 시청률은 1일의 시청률보다 3배 증가하였다.

38 다음은 도시 갑, 을, 병, 정의 공공시설 수에 대한 통계자료이다. A ~ D 도시를 바르게 연결한 것은?

(단위 : 개)

구분	2019			2020			2021		
	공공청사	문화시설	체육시설	공공청사	문화시설	체육시설	공공청사	문화시설	체육시설
A	472	54	36	479	57	40	479	60	42
B	239	14	22	238	15	22	247	16	23
C	94	5	9	96	5	10	100	6	10
D	96	14	10	98	13	12	98	13	12

※ 공공시설이란 공공청사, 문화시설, 체육시설만을 일컫는다고 가정한다.

> ㉠ 병의 모든 공공시설은 나머지 도시들의 공공시설보다 수가 적지만 2021년에 처음으로 공공청사의 수가 을보다 많아졌다.
> ㉡ 을을 제외하고 2020년 대비 2021년 공공시설 수의 증가율이 가장 작은 도시는 정이다.
> ㉢ 2020년 갑의 공공시설 수는 2019년과 동일하다.

```
    A    B    C    D
① 갑   을   병   정
② 을   갑   병   정
③ 병   정   갑   을
④ 정   갑   병   을
```

39 다음은 A지역출신 210명의 학력을 조사한 표이다. A지역 여성 중 중졸 이하 학력의 비율은 얼마인가?

성별 \ 학력	초졸	중졸	고졸	대졸	합계
남성	10	35	45	30	120
여성	10	25	35	20	90
합계	20	60	80	50	210

① $\dfrac{11}{24}$ ② $\dfrac{7}{18}$

③ $\dfrac{8}{9}$ ④ $\dfrac{5}{8}$

40 차고 및 A, B, C 간의 거리는 다음 표와 같다. 차고에서 출발하여 A, B, C 3개의 수요지를 각각 1대의 차량이 방문하는 경우에 비해, 1대의 차량으로 3개의 수요지를 모두 방문하고 차고지로 되돌아오는 경우, 수송 거리가 최대 몇 km 감소되는가?

구분	A	B	C
차고	10	13	12
A	–	5	10
B	–	–	7

① 36km   ② 39km

③ 41km   ④ 43km

CHAPTER 02

추리능력

☞ 정답 및 해설 p.271

〉〉40문항 ⊙20분

▌01~10 ▌ 다음의 제시된 숫자의 배열을 보고 규칙을 적용하여 "?"에 들어갈 숫자를 고르시오.

01

$$\frac{2}{7} \quad \frac{14}{5} \quad \frac{10}{17} \quad \frac{?}{13}$$

① 36

② 35

③ 34

④ 37

02

$$\frac{3}{16} \quad \frac{4}{15} \quad \frac{5}{14} \quad \frac{?}{13}$$

① 6

② 7

③ 8

④ 9

03

$$\frac{6}{13} \quad \frac{16}{7} \quad \frac{10}{17} \quad \frac{?}{11}$$

① 15

② 14

③ 19

④ 20

04

$$\frac{3}{4} \quad \frac{8}{9} \quad \frac{13}{24} \quad \frac{?}{39}$$

① 25   ② 28

③ 37   ④ 23

05

$$\frac{1}{2} \quad \frac{3}{2} \quad \frac{5}{6} \quad \frac{?}{30}$$

① 17   ② 13

③ 11   ④ 19

06

$$\frac{5}{2} \quad \frac{7}{5} \quad \frac{12}{7} \quad \frac{?}{12}$$

① 18   ② 19

③ 20   ④ 21

07

$$\frac{4}{3} \quad \frac{7}{5} \quad \frac{12}{10} \quad \frac{?}{20}$$

① 18   ② 20

③ 22   ④ 24

08

$$\frac{5}{7} \quad \frac{16}{6} \quad \frac{27}{5} \quad \frac{?}{4}$$

① 68   ② 58

③ 48   ④ 38

09

$$\frac{1}{5} \quad \frac{4}{5} \quad \frac{1}{20} \quad \frac{?}{20}$$

① 19   ② 20

③ 21   ④ 22

10

$$\frac{7}{22} \quad \frac{15}{29} \quad \frac{14}{44} \quad \frac{?}{58}$$

① 20

② 30

③ 40

④ 50

┃11~15┃ 다음은 일정한 규칙으로 나열된 문자이다. 빈칸에 들어갈 알맞은 문자를 고르시오.

11

D - H - L - P - T - ?

① O

② U

③ X

④ N

12

C - D - F - I - M - ?

① P

② R

③ Q

④ V

13

A – B – C – E – H – M – ?

① U   ② X
③ Y   ④ Z

14

ㄱ – ㄱ – ㄴ – ㄷ – ( ) – ㅈ – ㅇ

① ㄹ   ② ㅁ
③ ㅂ   ④ ㅅ

15

ㄱ – ㅋ – ㄷ – ㅅ – ㅁ – ㅅ – ?

① ㅁ   ② ㅅ
③ ㅊ   ④ ㅋ

┃16~18┃ 다음의 밑줄 친 수들의 규칙을 파악하여 빈칸에 들어갈 알맞은 수를 고르시오.

16

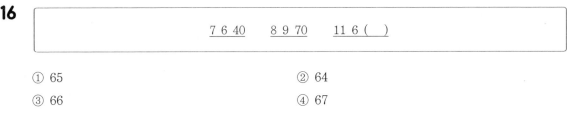

7 6 40   8 9 70   11 6 ( )

① 65　　　　　　　　　② 64

③ 66　　　　　　　　　④ 67

17

6 8 62   7 4 39   9 2 ( )

① 29　　　　　　　　　② 31

③ 33　　　　　　　　　④ 34

18

5 3 3 5   7 8 16 14   61 5 10 ( )

① 104　　　　　　　　② 122

③ 153　　　　　　　　④ 178

|19~20| 다음에 주어진 연산기호의 규칙을 파악하여 빈칸에 들어갈 알맞은 수를 고르시오.

19

$$2 \oplus 4 = 2 \quad 8 \oplus 3 = 13 \quad 6 \oplus 7 = 29 \quad 2 \oplus (3 \oplus 9) = (\quad)$$

① 10 ② 13
③ 15 ④ 19

20

$$5 \oplus 2 = 35 \quad 2 \oplus 3 = 10 \quad 8 \oplus 2 = 80 \quad (4 \oplus 3) \oplus 2 = (\quad)$$

① 840 ② 1,876
③ 3,125 ④ 5,928

|21~25| 다음 중 나머지 보기와 다른 하나를 고르시오.

21 ① 갈낱단락 ② 맘밥삿앙
③ ④ 팥

22 ① 곰돗롱 ② 눕
③ 납앞 ④ 멏넙

23 ① GHIJ   ② ㅇㅈㅊㅋ

        ③ 미신유술   ④ Ⅷ Ⅸ Ⅹ Ⅺ

24 ① 가까가카   ② 다따다타

        ③ 자짜자차   ④ 파빠파바

25 ① ABDH   ② ㅁㅂㅇㅋ

        ③ 3469   ④ ㅅㅇㅊㅍ

| 26~30 | 다음 도형들의 일정한 규칙을 찾아 빈칸에 들어갈 도형을 고르시오.

26

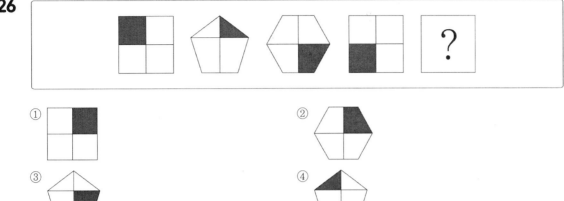

①

②

③

④

27

①

②

③

④

28

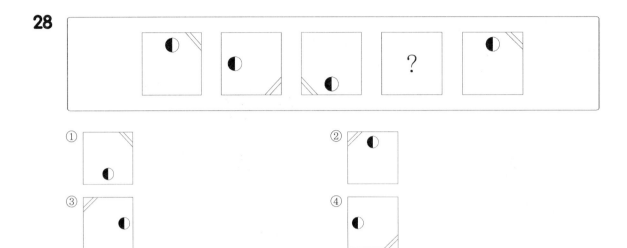

29

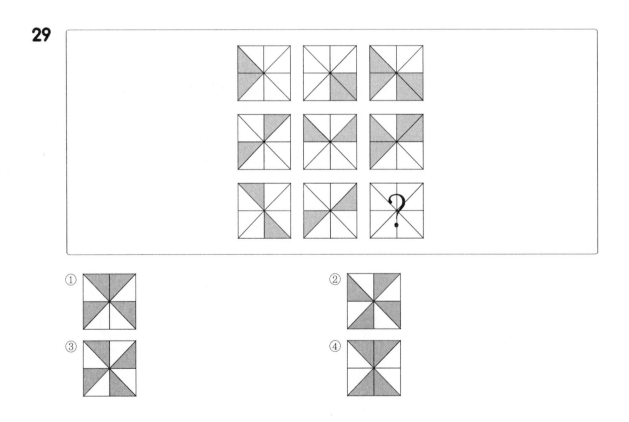

30

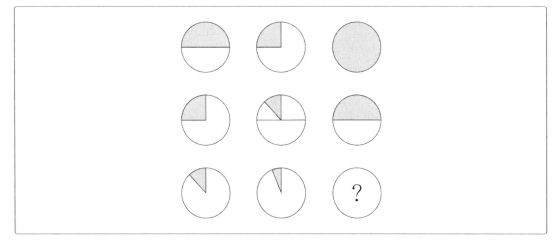

①

②

③

④

31 수평 방향으로 물체에 $10N$의 힘을 가했더니 물체가 $10m/s^2$의 가속도로 운동하였다. 물체의 질량은? (단, 마찰은 무시한다)

① 1kg   ② 2kg

③ 3kg   ④ 4kg

32 그림과 같이 날고 있는 연에 작용하는 중력에 대한 반작용은?

① 지구가 연을 밀어내는 힘

② 연이 바람을 밀어내는 힘

③ 연이 지구를 끌어당기는 힘

④ 바람이 연을 끌어당기는 힘

33 220V − 20W인 전기기구를 220V인 전원에 연결하여 30분 동안 사용하였다면 소비한 전력량은?

① 1Wh   ② 2Wh

③ 5Wh   ④ 10Wh

34 마찰이 없는 수평면 위에서 2kg의 수레를 밀었더니 가속도가 $10\mathrm{m/s}^2$이었다. 같은 힘으로 4kg의 수레를 밀었을 때 가속도는?

① $5\mathrm{m/s}^2$ ② $10\mathrm{m/s}^2$

③ $20\mathrm{m/s}^2$ ④ $40\mathrm{m/s}^2$

35 질량이 2kg인 물체를 지표면으로부터 40m 지점에서 떨어뜨렸다. 지표면에 닿기 직전에 물체의 속도는 얼마인가?(단, $g = 9.8m/s^2$이다.)

① $14m/s$

② $21m/s$

③ $28m/s$

④ $35m/s$

36 그림과 같이 금속구 2개를 오른쪽으로 들었다 놓았을 때, 충돌 직후 왼쪽으로 튕겨나가는 금속구의 수는? (단, 금속구는 크기와 질량이 모두 같으며 완전탄성충돌한다.)

① 1개

② 2개

③ 3개

④ 4개

37 소리의 세기는 10dB 증가할 때마다 10배씩 증가한다. 0dB보다 100배 증가된 소리의 세기는?

① 10dB

② 20dB

③ 100dB

④ 200dB

38 반응 속도에 영향을 미치는 요인 중 다음 내용과 가장 관련이 깊은 것은?

> • 통나무보다 톱밥이 더 잘 탄다.
> • 빠른 흡수를 위해 알약을 가루로 만들어 복용한다.

① 온도　　　　　　　　　　　　② 압력
③ 촉매　　　　　　　　　　　　④ 표면적

39 빗방울이 떨어질 때 지표면에 가까워지면서 일정한 속도가 되는 이유로 옳은 것은?

① 빗방울에 작용하는 중력이 같기 때문이다.
② 빗방울에 작용하는 중력을 무시하기 때문이다.
③ 공기에 의한 저항력이 중력과 평형하기 때문이다.
④ 빗방울이 모두 같은 높이에서 떨어지기 때문이다.

40 F, B, I 세 명이 같은 개수의 풍선을 불고 있다. F가 풍선을 다 불었을 때 B는 30개, I는 40개가 남아 있었고, B가 풍선을 다 불었을 때 I는 아직 15개 남아 있었다. 만약 F, B, I 세 명의 작업 속도가 일정하다고 가정할 때 풍선은 전부 몇 개 있는지 구하면?

① 150개　　　　　　　　　　　② 190개
③ 270개　　　　　　　　　　　④ 350개

CHAPTER 03

지각능력

☞ 정답 및 해설 p.276

〉〉40문항 ⏲**10분**

┃01~20┃ 다음에 주어진 문자의 좌우가 서로 같으면 ①, 다르면 ②를 고르시오.

01

| 걷기는건강증진에효과적 | 걷기는건강증진에효과적 |

① 같다   ② 다르다

02

| 복숭아사과자전거가방자동차부릉 | 복숭아사과자전거공방자동차부릉 |

① 같다   ② 다르다

03

| 명절에는맛있는음식이많지요 | 명절에만맛있는음식은많지오 |

① 같다   ② 다르다

04

| 신호등을잘보고건너가시오 | 신호등을잘보고건너가시오 |

① 같다   ② 다르다

05

| 다음보기에서옳지않은것을고르시오 | 다음보기애서옳지않은것을구르시오 |

① 같다   ② 다르다

06

| EFFBDSDVCWTGH | EFFBDSDVCWTGH |

① 같다   ② 다르다

07

| 22022020202022222 | 22022000202022202 |

① 같다   ② 다르다

08

ㄱㄴㄷㅊㅇㅈㄱㄷㅍㄷ   ㄱㄴㄷㅊㅇㅈㄱㄷㅍㄷ

① 같다   ② 다르다

09

★☆◎연휴는가족과함께※◆◇☎   ★☆◎연후는가족과함께※◆◇☏

① 같다   ② 다르다

10

명목문미반범변보목북   명목문미반범변보목북

① 같다   ② 다르다

11

better late than never   better late then never

① 같다   ② 다르다

12

sdafsdfdfstgr   sdafadfgfstgr

① 같다   ② 다르다

13

♫♫♪♩♩♩♩♩♪♫   ♫♫♪♩♩♩♩♩♪♫

① 같다   ② 다르다

14

武丙午卯更申乙米   武丙午卯申更乙米

① 같다   ② 다르다

15

111121121122111   111121112122111

① 같다   ② 다르다

16

| 얄리얄리얄라셩 얄라리얄라 | 얄리얄리얄라셩 얄라라얄라 |

① 같다   ② 다르다

17

| efwefwfghyu | efvefwfghyn |

① 같다   ② 다르다

18

| 알콩달콩오손도손팔랑팔랑 | 알콩달콩오손도손팔랑팔랑 |

① 같다   ② 다르다

19

| swim against the tide | swim against the tide |

① 같다   ② 다르다

20

| Always keep the faith | Always heep the Faith |

① 같다   ② 다르다

| 21~25 | 다음에 주어진 블록의 개수를 구하시오.

21

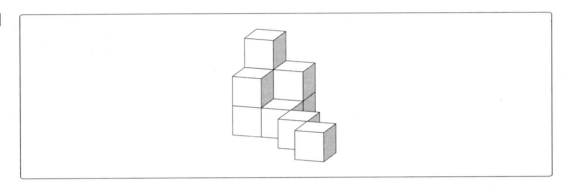

① 10개   ② 11개
③ 12개   ④ 13개

22

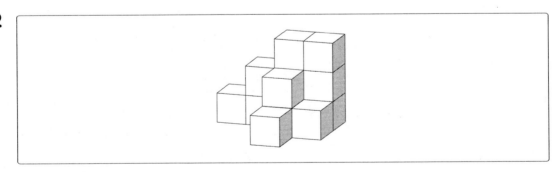

① 12개   ② 13개
③ 14개   ④ 15개

23

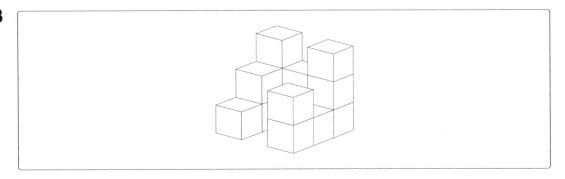

① 12개　　　　　　　　　② 13개
③ 14개　　　　　　　　　④ 15개

24

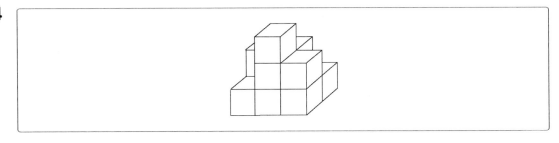

① 10개　　　　　　　　　② 11개
③ 12개　　　　　　　　　④ 13개

25

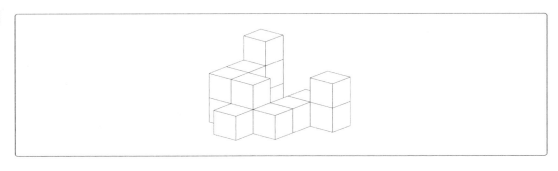

① 12개   ② 13개

③ 14개   ④ 15개

▌26~30 ▌ 주어진 블록의 모양은 그대로 두고 최소한의 블록을 더 추가해서 정육면체로 만들려고 한다. 몇 개의 블록이 더 필요한지 고르시오. (단, 모든 블록의 크기와 모양은 같다)

26

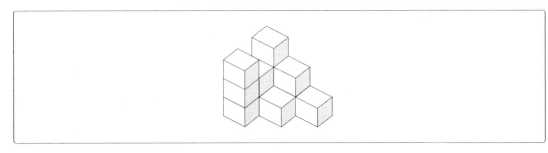

① 12개   ② 13개

③ 14개   ④ 15개

27

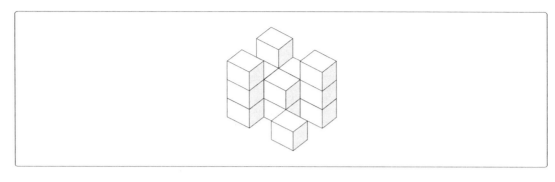

① 9개   ② 10개

③ 11개   ④ 12개

28

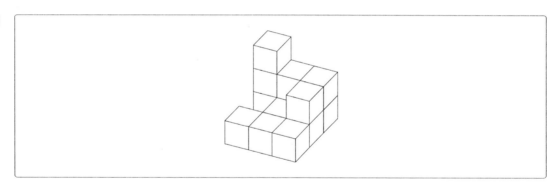

① 12개   ② 13개

③ 14개   ④ 15개

29

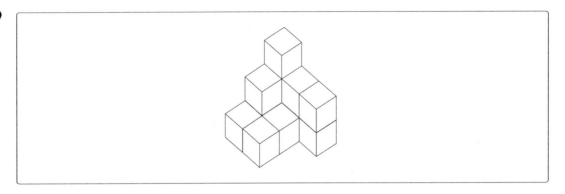

① 12개   ② 13개
③ 14개   ④ 15개

30

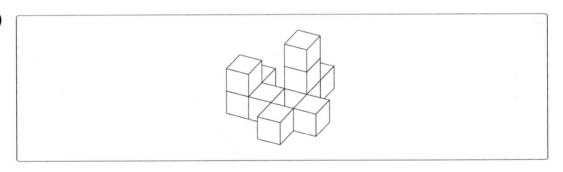

① 52개   ② 54개
③ 56개   ④ 58개

▌31~35▐ 다음과 같이 쌓인 블록의 바닥면을 제외하고 밖으로 노출된 모든 면에 페인트를 칠하려고 한다. 한 면에만 페인트칠이 되는 블록은 모두 몇 개인지 고르시오.

31

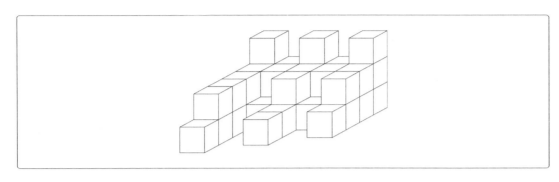

① 7개   ② 8개

③ 9개   ④ 10개

32

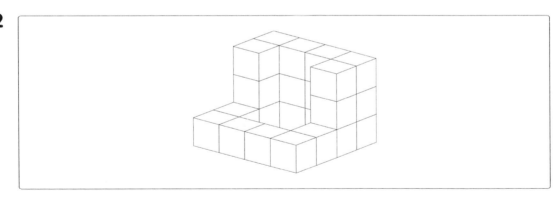

① 0개   ② 3개

③ 5개   ④ 9개

33

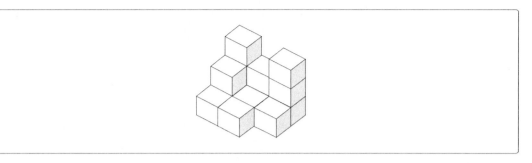

① 0개　　　　　　　　　② 1개
③ 2개　　　　　　　　　④ 3개

34

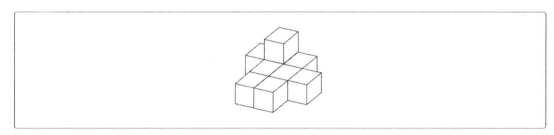

① 0개　　　　　　　　　② 1개
③ 2개　　　　　　　　　④ 3개

35

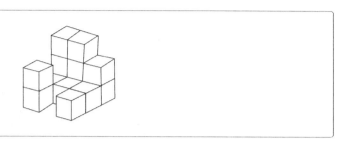

① 0개   ② 1개

③ 2개   ④ 3개

▌36~40▐ 다음 제시된 그림을 순서대로 연결하시오.

36

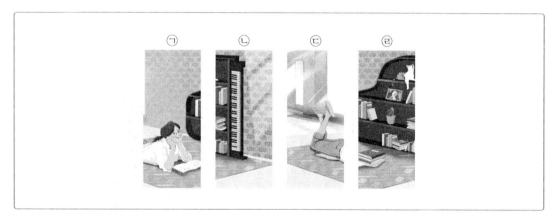

① ㄷ - ㄱ - ㄹ - ㄴ   ② ㄹ - ㄴ - ㄱ - ㄷ

③ ㄷ - ㄱ - ㄴ - ㄹ   ④ ㄹ - ㄷ - ㄱ - ㄴ

37

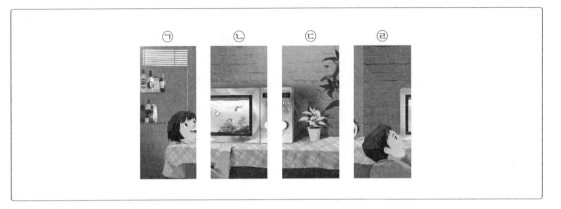

① ㉠ - ㉣ - ㉡ - ㉢   ② ㉡ - ㉢ - ㉠ - ㉣

③ ㉢ - ㉠ - ㉡ - ㉣   ④ ㉣ - ㉠ - ㉡ - ㉢

38

① ㉠ - ㉣ - ㉢ - ㉡   ② ㉡ - ㉠ - ㉢ - ㉣

③ ㉢ - ㉡ - ㉠ - ㉣   ④ ㉣ - ㉠ - ㉡ - ㉢

39

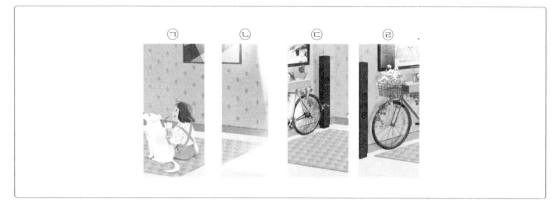

① ㉠ - ㉡ - ㉣ - ㉢   ② ㉣ - ㉢ - ㉡ - ㉠

③ ㉠ - ㉢ - ㉡ - ㉣   ④ ㉣ - ㉢ - ㉠ - ㉡

40

① ㉠ - ㉢ - ㉡ - ㉣   ② ㉡ - ㉢ - ㉣ - ㉠

③ ㉢ - ㉠ - ㉣ - ㉡   ④ ㉣ - ㉠ - ㉢ - ㉡

PART

IV

제4회 모의고사

01 수리능력

02 추리능력

03 지각능력

CHAPTER 01

수리능력

☞ 정답 및 해설 p.280

>>**40문항** ⊙**15분**

┃01~10┃ 다음 식을 계산하여 알맞은 답을 고르시오.

01

$$1323 + 23 + 49$$

① 1389 ② 1596
③ 1395 ④ 1453

02

$$4851 - 496 - 52$$

① 4303 ② 4251
③ 4163 ④ 4369

03

$$9.63 \times 7 \div 3$$

① 25.61 ② 29.87
③ 21.57 ④ 22.47

04

$$793 + 465 \div 5$$

① 846   ② 886

③ 835   ④ 879

05

$$\frac{5}{6} + \frac{23}{6} + \frac{8}{6}$$

① 4   ② 5

③ 6   ④ 7

06

$$\sqrt{6} \times \sqrt{8} \times \sqrt{15}$$

① $9\sqrt{5}$ ② $11\sqrt{5}$

③ $12\sqrt{5}$ ④ $13\sqrt{5}$

07

$$5^3 \times 2^3 \times 3^3$$

① 21000　　　　　　　　　　② 25000

③ 34000　　　　　　　　　　④ 27000

08

$$10_{(2)} + 100_{(2)} + 1000_{(2)}$$

① 11　　　　　　　　　　② 12

③ 13　　　　　　　　　　④ 14

09

$$10^3 \times 10^{-1} \times 10^{-2}$$

① 1　　　　　　　　　　② 10

③ 100　　　　　　　　　　④ 1000

10

$$65.18 \times 56.14 - 54.84$$

① 1984.5138   ② 2654.4868

③ 3604.3652   ④ 4238.5485

▌11~15▐ 다음 계산식의 빈칸에 들어갈 알맞은 수 또는 연산기호를 고르시오.

11

$$78 \times 35 + (\quad) = 2776$$

① 36   ② 46

③ 56   ④ 66

12

$$64 \div (\quad) - 7 = 1$$

① 2   ② 4

③ 6   ④ 8

13

$$37{,}850 - (\quad) \times 32 = 33{,}722$$

① 98　　　　　　　　　　　　② 103

③ 116　　　　　　　　　　　④ 129

14

$$15 + 21 \;(\quad)\; 7 = 18$$

① +　　　　　　　　　　　　② −

③ ×　　　　　　　　　　　　④ ÷

15

$$\frac{7}{4} \div (\quad) \times 4.8 = 1.2$$

① 1　　　　　　　　　　　　② 2

③ 6　　　　　　　　　　　　④ 7

▌16~25 ▌ 다음에 주어진 A와 B값의 대소 관계를 바르게 비교한 것을 고르시오.

16

> • $A : \dfrac{13}{15}$ • $B : 0.83$

① $A > B$ ② $A < B$
③ $A = B$ ④ 비교할 수 없다.

17

> • A : 144와 256의 최대공약수
> • B : 8과 28의 최소공배수

① $A > B$ ② $A < B$
③ $A = B$ ④ 비교할 수 없다.

18

> • A : 초속 11m • B : 시속 4km

① $A > B$ ② $A < B$
③ $A = B$ ④ 비교할 수 없다.

19

- A : 오각기둥의 모서리 수
- B : 정육면체의 꼭지점 수와 면 수의 합

① $A > B$ ② $A < B$

③ $A = B$ ④ 비교할 수 없다.

20

- $A : (-2)^2$ - $B : -2^3$

① $A > B$ ② $A < B$

③ $A = B$ ④ 비교할 수 없다.

21

- $A : 1m/s$ - $B : 3.6 \text{km}/h$

① $A > B$ ② $A < B$

③ $A = B$ ④ 비교할 수 없다.

22

$a + 21 = 4b$일 때,

- $A : 5a - 7b - 2$
- $B : 4a - 3b + 8$

① $A > B$　　　　　　② $A < B$

③ $A = B$　　　　　　④ 비교할 수 없다.

23

- $A : 43\%$
- $B : \dfrac{13}{30}$

① $A > B$　　　　　　② $A < B$

③ $A = B$　　　　　　④ 비교할 수 없다.

24

- $A : \sqrt{(a-b)^2}$
- $B : |b-a|$

① $A > B$　　　　　　② $A < B$

③ $A = B$　　　　　　④ 비교할 수 없다.

25

> a가 양수, b가 음수일 때,
> - $A : a^2 + b^2$
> - $B : (a+b)^2$

① $A > B$　　　　　　　② $A < B$

③ $A = B$　　　　　　　④ 비교할 수 없다.

26 둘레가 6km인 공원을 영수와 성수가 같은 장소에서 동시에 출발하여 같은 방향으로 돌면 1시간 후에 만나고, 반대 방향으로 돌면 30분 후에 처음으로 만난다고 한다. 영수가 성수보다 걷는 속도가 빠르다고 할 때, 영수가 걷는 속도는?

① 6km/h　　　　　　　② 7km/h

③ 8km/h　　　　　　　④ 9km/h

27 어떤 모임에서 참가자에게 귤을 나누어 주는데 1명에게 5개씩 나누어 주면 3개가 남고, 6개씩 나누어주면 1명만 4개보다 적게 받게 된다. 참가자는 적어도 몇 명인가?

① 2인　　　　　　　　② 6인

③ 9인　　　　　　　　④ 10인

28 사무실의 적정 습도를 맞추는데, A가습기는 16분, B가습기는 20분 걸린다. A가습기를 10분 동안만 틀고, B가습기로 적정 습도를 맞춘다면 B가습기 작동시간은?

① 6분 30초　　　　　　　　　② 7분

③ 7분 15초　　　　　　　　　④ 7분 30초

29 시험관에 미생물의 수가 4시간 마다 3배씩 증가한다고 한다. 지금부터 4시간 후의 미생물 수가 270,000이라고 할 때, 지금부터 8시간 전의 미생물 수는 얼마인가?

① 10,000　　　　　　　　　② 30,000

③ 60,000　　　　　　　　　④ 90,000

30 페인트 한 통과 벽지 5묶음으로 51㎡의 넓이를 도배할 수 있고, 페인트 한 통과 벽지 3묶음으로는 39㎡를 도배할 수 있다고 한다. 이때, 페인트 2통과 벽지 2묶음으로 도배할 수 있는 넓이는?

① 45㎡　　　　　　　　　② 48㎡

③ 51㎡　　　　　　　　　④ 54㎡

31 서원이의 올해 연봉은 작년에 비해 20% 인상되고 500만 원의 성과급을 받았는데 이 금액은 60% 의 연봉을 인상한 것과 같다면 올해 연봉은 얼마인가?

① 1,400만 원　　　　　　　　② 1,500만 원

③ 1,600만 원　　　　　　　　④ 1,700만 원

32 지호는 600m 트랙을 10바퀴 도는 운동을 하는 데 처음에는 4km/h로 돌고, 두 바퀴를 돌 때마다 2km/h씩 속력을 높여 돈다. 6바퀴를 돈 후 10분 동안 휴식했다면 지호가 운동한 시간은 얼마인가?

① 52분 12초   ② 1시간 2분 2초

③ 1시간 2분 12초   ④ 1시간 12분 2초

33 정육면체의 겉넓이가 $54cm^2$이다. 이 정육면체의 부피는?

① $6\sqrt{6}\,cm^3$ ② $27cm^3$

③ $54cm^3$ ④ $64cm^3$

34 357m의 길 양측에 같은 간격으로 나무를 심으려 한다. 7m 간격으로 심을 때 나무는 몇 그루가 필요한가?

① 51그루   ② 52그루

③ 102그루   ④ 104그루

35 길이가 240m인 길 양쪽에 12m 간격으로 끝에서 끝까지 나무를 심고자 한다. 이 때 몇 그루의 나무가 필요한가?

① 20그루   ② 21그루

③ 40그루   ④ 42그루

36 다음은 2012년부터 2019년까지 초, 중, 고등학생의 사교육 참여율 및 참여시간에 관한 자료이다. 이에 대한 설명으로 옳은 것은?

(단위 : %, 시간)

	계		초등학교		중학교		고등학교	
	참여율	참여시간	참여율	참여시간	참여율	참여시간	참여율	참여시간
2012	69.4	6.0	80.9	7.0	70.6	6.6	50.7	3.9
2013	68.8	5.9	81.8	6.9	69.5	6.5	49.2	3.8
2014	68.6	5.8	81.1	6.6	69.1	6.5	49.5	4.0
2015	68.8	5.7	80.7	6.4	69.4	6.4	50.2	4.1
2016	67.8	6.0	80.0	6.8	63.8	6.2	52.4	4.6
2017	71.2	6.1	82.7	6.7	67.4	6.4	55.9	4.9
2018	72.8	6.2	82.5	6.5	69.6	6.5	58.5	5.3
2019	74.8	6.5	83.5	6.8	71.4	6.8	61.0	5.7

① 2013년과 2015년의 전체 사교육 참여율 및 참여시간이 같다.
② 2016년부터 2018년까지 초등학생의 사교육 참여시간은 늘어나고 있다.
③ 2013년과 2014년 중학생의 사교육 참여율은 같지만 참여시간은 다르다.
④ 2013년부터 고등학생의 사교육 참여율 및 참여시간이 지속적으로 증가하고 있다.

37 아래의 표는 생산 가능한 제품 E, F, G에 관한 정보를 나타낸 것이다. 총 생산시간이 140시간이라고 할 때, 최대한 많은 이익을 얻을 수 있는 제품의 생산량은 얼마인가?

	E	F	G
1제품 당 이익	5만 원	6만 원	4만 원
1제품 생산시간	2시간	4시간	2시간
총 판매가능 상품	20개	40개	30개

① 130만원   ② 170만원
③ 200만원   ④ 280만원

▌38~39▐ 다음은 연도별 최저임금 현황을 나타낸 표이다. 물음에 답하시오.

(단위 : 원, %, 천 명)

구분	2014년	2015년	2016년	2017년	2018년	2019년	2020년
시간급 최저임금	3,770	4,000	4,110	4,320	4,580	4,860	5,210
전년대비 인상률(%)	8.30	6.10	2.75	5.10	6.00	6.10	7.20
영향률(%)	13.8	13.1	15.9	14.2	13.7	14.7	x
적용대상 근로자수	15,351	15,882	16,103	16,479	17,048	17,510	17,734
수혜 근로자수	2,124	2,085	2,566	2,336	2,343	y	2,565

* 영향률 = 수혜 근로자수 / 적용대상 근로자수 × 100

38 2020년 영향률은 몇 %인가?

① 13.5% ② 13.9%
③ 14.2% ④ 14.5%

39 2019년 수혜 근로자수는 몇 명인가?

① 약 234만 3천 명 ② 약 256만 5천 명
③ 약 257만 4천 명 ④ 약 258만 2천 명

40 수능시험을 자격시험으로 전환하자는 의견에 대한 여론조사결과 다음과 결과가 나왔다. 이에 대한 설명으로 옳지 않은 것은?

교육수준	중졸이하		고교중퇴 및 고졸		전문대중퇴 이상		전체	
조사대상지역	A	B	A	B	A	B	A	B
지지율(%)	67.9	65.4	59.2	53.8	46.5	32	59.2	56.8

① 전체지역으로만 보면 A지역의 지지율이 B지역의 지지율보다 높다.

② A지역과 B지역 모두 학력이 높아질수록 지지율이 점점 감소한다.

③ 전체지역의 A지역과 B지역의 지지율보다 전부 높은 지역은 중졸이하 지역이다.

④ 학력이 높아질수록 A지역과 B지역의 지지율 차이는 점점 감소한다.

CHAPTER 02

추리능력

☞ 정답 및 해설 p.284

》〉**40문항** ⊙**20분**

▮01~10▮ 다음의 제시된 숫자의 배열을 보고 규칙을 적용하여 "?"에 들어갈 숫자를 고르시오.

01

$$\frac{3}{7} \quad \frac{6}{21} \quad \frac{9}{63} \quad \frac{?}{189}$$

① 19   ② 13

③ 12   ④ 14

02

$$\frac{2}{5} \quad \frac{9}{4} \quad \frac{8}{18} \quad \frac{?}{16}$$

① 22   ② 23

③ 24   ④ 25

03

$$\frac{5}{8} \quad \frac{21}{5} \quad \frac{18}{21} \quad \frac{?}{18}$$

① 32   ② 34

③ 35   ④ 37

04

$$\frac{17}{6} \quad \frac{23}{17} \quad \frac{40}{23} \quad \frac{?}{40}$$

① 57 ② 59

③ 61 ④ 63

05

$$\frac{4}{7} \quad \frac{3}{11} \quad \frac{8}{14} \quad \frac{?}{22}$$

① 11 ② 7

③ 6 ④ 15

06

$$\frac{3}{2} \quad \frac{6}{5} \quad \frac{30}{11} \quad \frac{?}{41}$$

① 330 ② 301

③ 347 ④ 311

07

$$\dfrac{6}{11} \quad \dfrac{11}{17} \quad \dfrac{17}{28} \quad \dfrac{?}{45}$$

① 19　　　　　　　　　② 22
③ 26　　　　　　　　　④ 28

08

$$\dfrac{1}{4} \quad \dfrac{4}{5} \quad \dfrac{5}{9} \quad \dfrac{9}{?}$$

① 11　　　　　　　　　② 12
③ 13　　　　　　　　　④ 14

09

$$\dfrac{4}{3} \quad \dfrac{7}{4} \quad \dfrac{11}{7} \quad \dfrac{18}{?}$$

① 11　　　　　　　　　② 12
③ 13　　　　　　　　　④ 14

10

$$\frac{1}{4} \quad \frac{7}{3} \quad \frac{12}{8} \quad \frac{22}{?}$$

① 16   ② 18

③ 20   ④ 22

▌11~15▌ 다음은 일정한 규칙으로 나열된 문자이다. 빈칸에 들어갈 알맞은 문자를 고르시오.

11

A – K – G – Q – M – ?

① R   ② S

③ U   ④ W

12

C – C – F – I – O – ?

① W   ② X

③ Y   ④ Z

13

$$B-G-K-N-P-?$$

① T   ② S
③ R   ④ Q

14

$$ㄱ-ㄷ-ㅂ-ㅇ-ㅋ-?$$

① ㅋ   ② ㅌ
③ ㅍ   ④ ㅎ

15

$$ㄱ-ㄱ-ㄴ-ㄷ-ㅁ-ㅇ-?$$

① ㅊ   ② ㅋ
③ ㅌ   ④ ㅍ

▌16~18▐ 다음의 밑줄 친 수들의 규칙을 파악하여 빈칸에 들어갈 알맞은 수를 고르시오.

16

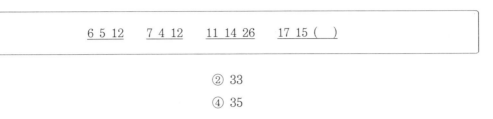

6 5 12   7 4 12   11 14 26   17 15 (   )

① 32   ② 33
③ 34   ④ 35

17

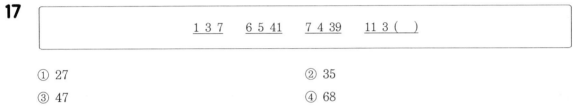

1 3 7   6 5 41   7 4 39   11 3 (   )

① 27   ② 35
③ 47   ④ 68

18

1 3 4 12   2 6 8 48   8 7 (   ) 105

① 9   ② 10
③ 12   ④ 15

❙19~20❙ 다음에 주어진 연산기호의 규칙을 파악하여 빈칸에 들어갈 알맞은 수를 고르시오.

19

$$4◆2 = 12 \quad 3◆2 = 5 \quad 5◆2 = 21 \quad 9◆(2◆1) = (\quad)$$

① 54　　　　　　　　　　　　　② 63
③ 72　　　　　　　　　　　　　④ 81

20

$$5◐9 = 22 \quad 11◐2 = 17 \quad 21◐4 = 79 \quad (8◐6)◐2 = (\quad)$$

① 50　　　　　　　　　　　　　② 64
③ 79　　　　　　　　　　　　　④ 81

| 21~25 | 다음 중 나머지 보기와 다른 하나를 고르시오.

21 ① ADEH   ② 1457
    ③ ㄱㄹㅁㅇ   ④ Ⅰ Ⅳ Ⅴ Ⅷ

22 ① 1379   ② 가다사자
    ③ 라바차타   ④ HJNQ

23 ① Ⅳ Ⅶ Ⅸ Ⅻ   ② 0369
    ③ ILOR   ④ ㄹㅅㅊㅍ

24 ① 2468   ② filo
    ③ MPSV   ④ ㄷㅂㅈㅌ

25 ① 37BF   ② DHLP
    ③ hjmq   ④ ㄱㅁㅈㅍ

┃ 26~30 ┃ 다음 도형들의 일정한 규칙을 찾아 빈칸에 들어갈 도형을 고르시오.

26

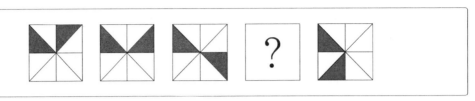

①

②

③

④

27

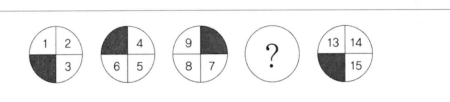

①

②

③

④

28

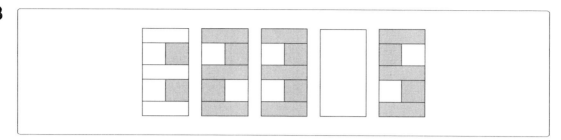

①

②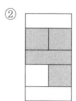

③

④

29

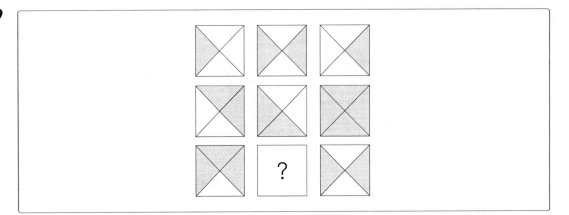

① 　　　　　②

③ 　　　　　④

30

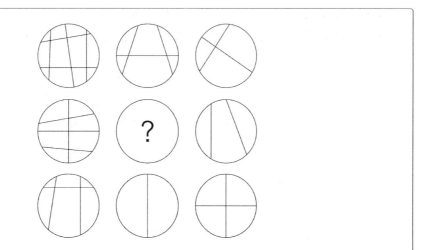

①

②

③

④

31 그림과 같이 마찰이 없는 수평면상의 물체에 수평 방향으로 힘 F가 작용할 때 물체의 가속도는 a 이다. 이 물체에 2F의 힘이 수평 방향으로 작용할 때 물체의 가속도는?

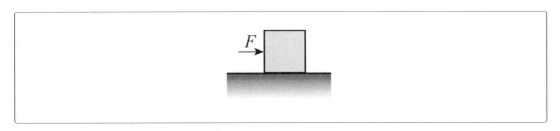

① $\frac{1}{2}a$

② a

③ $2a$

④ $4a$

32 어떤 전기 기구를 220V에서 1시간 사용했을 때 소비 전력량은 100Wh이다. 이 전기 기구를 4시간 사용했을 때 소비 전력량은?

① 25Wh

② 50Wh

③ 200Wh

④ 400Wh

33 다음 중 질량이 각각 1kg, 2kg인 두 물체 A, B가 서로 같은 일정한 속도로 운동할 때, 이에 대한 설명으로 옳은 것은?

① A, B는 가속도 운동한다.

② 관성의 크기는 A가 B보다 크다.

③ 운동량의 크기는 A가 B보다 크다.

④ 같은 시간 동안 이동한 거리는 A, B가 서로 같다.

34 그림은 전압 V의 전원에 전기 저항 2Ω, 3Ω의 전구 A, B를 직렬로 연결한 회로를 나타낸 것이다. 전구 A, B의 소비 전력의 비는?

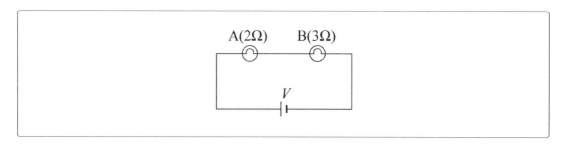

① 1 : 1 ② 1 : 2

③ 2 : 1 ④ 2 : 3

35 저항 5Ω에 10V의 전압이 걸릴 경우 회로에 흐르는 전류의 세기는?

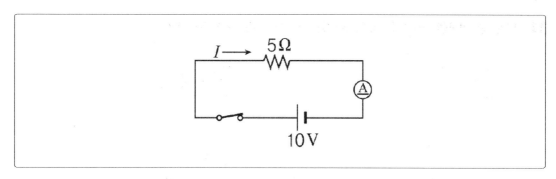

① 2A ② 5A

③ 10A ④ 50A

36 질량이 1kg, 2kg, 3kg인 물체 A~C가 같은 높이 h에 있을 때, 각각의 물체에 작용하는 중력의 크기가 가장 큰 것은?

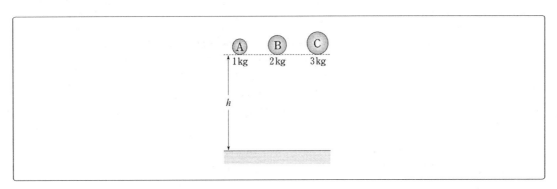

① A

② B

③ C

④ 모두 같다

37 다음 중 볼록렌즈에 의한 빛의 굴절을 바르게 그린 것을 고르면?

①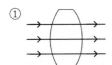

②

③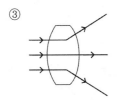

④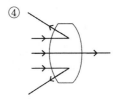

38 다음 중 작용·반작용의 법칙과 관계가 있는 것은?

① 로켓이 가스를 분출하면서 하늘로 솟아오른다.

② 달리던 차가 급정거하면 몸이 앞으로 넘어진다.

③ 줄을 잡아당겨 두레박으로 물을 긷는다.

④ 병따개로 병뚜껑을 딴다.

39 사과, 미적분, 광학이론의 세 단어에서 유추할 수 있는 과학자의 이론과 관련된 것이 아닌 것은?

① 로켓을 발사할 때 뒤로 연료를 분사하면서 날아간다.

② 사과가 빨간 이유는 안토시안이라는 색소를 가지고 있기 때문이다.

③ 이불의 먼지를 두르려 턴다.

④ 태양광을 프리즘을 통해 단색광으로 분해하였다가 다시 합침으로써 태양광은 여러 종류의 단색광이 합쳐져 있음을 증명하였다.

40 다음 두 가지 힘의 공통점으로 적절한 것은?

> • 전기를 띤 물체 사이에 작용하는 힘
> • 자석과 자석 또는 자석과 금속 사이에 작용하는 힘

① 지구와 달에서 힘의 크기가 다르다.

② 두 물체가 멀어질수록 힘이 약해진다.

③ 서로 접촉할 때만 작용한다.

④ 외부의 힘에 반대방향으로 작용한다.

CHAPTER 03

지각능력

☞ 정답 및 해설 p.288

>> **40문항** ⊙ **10분**

┃ 01~20 ┃ 다음에 주어진 문자의 좌우가 서로 같으면 ①, 다르면 ②를 고르시오.

01

| 눈이올때는서행을합시다 | 눈이올때는서행을합시다 |

① 같다   ② 다르다

02

| 수고하신모든분들께감사드립니다 | 수구하신모든분들께감사드립니더 |

① 같다   ② 다르다

03

| 스트레칭은혈액순환에도움을줍니다 | 스트레칭은혈액순한에도음을줍니다 |

① 같다   ② 다르다

04

교통이혼잡하니대중교통을이용　　　　　　교통이혼잡하니대중교통을이용

① 같다　　　　　　　　　　　② 다르다

05

홈페이지에서확인하시기바랍니다　　　　홈페이지에소확인하시기버랍니다

① 같다　　　　　　　　　　　② 다르다

06

VEGWEGQWERCGH　　　　　　　VEGWEGQWERCGH

① 같다　　　　　　　　　　　② 다르다

07

1616111116666161616　　　　　　1616111616666161611

① 같다　　　　　　　　　　　② 다르다

08

☎★●□℃←→▼▽▲△※   ☎★●□℃←→▼▽▲△※

① 같다   ② 다르다

09

신념을가지고도전하는사람   신념을각지고도전하는바람

① 같다   ② 다르다

10

☺☹☺☺☹☹☹☺☺☺   ☺☹☺☺☹☹☹☺☺☺

① 같다   ② 다르다

11

아 해 다르고 어 해 다르다.   아 해 다르고 어 해 다르다.

① 같다   ② 다르다

12

111111001111101011001　　　　　111110001111001011101

① 같다　　　　　　　　② 다르다

13

ㄱㄴㄷㄹㅁㅂㅅㅇㅈㅊㅋㅌㅍㅎ　　　　ㄱㄴㄷㄹㅁㅂㅅㅇㅈㅊㅋㅌㅍㅎ

① 같다　　　　　　　　② 다르다

14

ㄱㄴㄹㅇㄱㅁㄴㅇㅁㄱㄴㄱㅇㅁㄹ　　　　ㄱㄴㄹㅇㄱㅁㄴㅇㅁㄱㄴㄱㅁㅇㄹ

① 같다　　　　　　　　② 다르다

15

HAVEREADTHESB　　　　　　HAVEPEADTHESE

① 같다　　　　　　　　② 다르다

16

| 325453365757547 | 325453265757447 |

① 같다　　　　　　　　　　② 다르다

17

| 공원합격서원시험공무식각 | 공원합격서원시험공무식각 |

① 같다　　　　　　　　　　② 다르다

18

| $¥FPRsW€₮W$¥F | $¥FPRsW€₮W$¥F |

① 같다　　　　　　　　　　② 다르다

19

| 창이원ser삼태청원동 | 창이원ser심태청원동 |

① 같다　　　　　　　　　　② 다르다

20

←↑→↓↔↕↖→↓   ←↑→↓↔↕↖→↓

① 같다   ② 다르다

▎21~25 ▎ 다음에 주어진 블록의 개수를 구하시오.

21

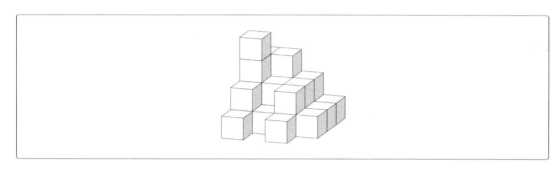

① 24개   ② 25개
③ 26개   ④ 27개

22

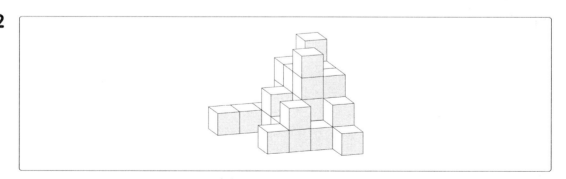

① 30개   ② 31개
③ 32개   ④ 33개

23

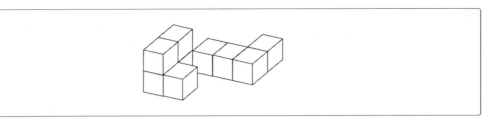

① 7개   ② 8개

③ 9개   ④ 10개

24

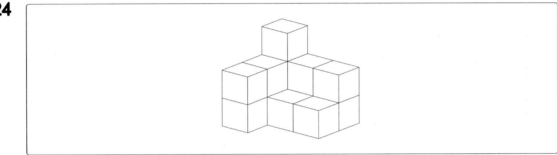

① 10개   ② 11개

③ 12개   ④ 13개

25

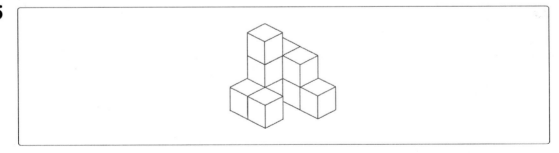

① 6개   ② 8개

③ 10개   ④ 12개

│26∼30│ 주어진 블록의 모양은 그대로 두고 최소한의 블록을 더 추가해서 정육면체로 만들려고 한다. 몇 개의 블록이 더 필요한지 고르시오. (단, 모든 블록의 크기와 모양은 같다)

26

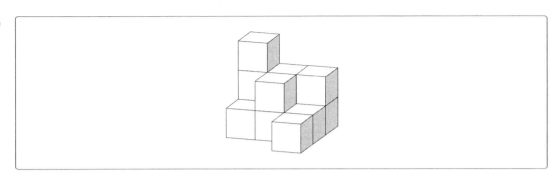

① 14개   ② 15개

③ 16개   ④ 17개

27

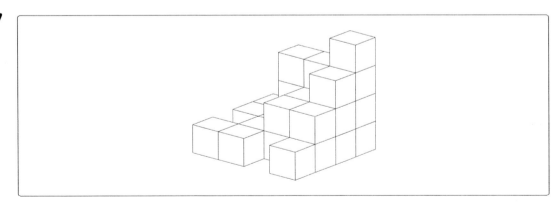

① 35개   ② 36개

③ 37개   ④ 38개

28

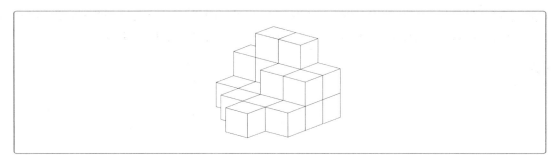

① 42개   ② 44개
③ 46개   ④ 48개

29

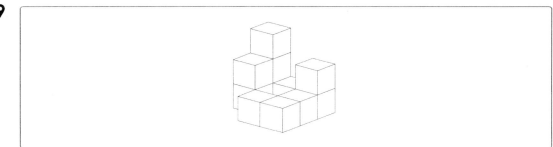

① 15개   ② 16개
③ 17개   ④ 18개

30

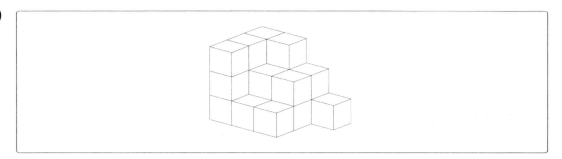

① 40개   ② 41개
③ 42개   ④ 43개

▌31~35▐ 다음과 같이 쌓인 블록의 바닥면을 제외하고 밖으로 노출된 모든 면에 페인트를 칠하려고 한다. 한 면에만 페인트칠이 되는 블록은 모두 몇 개인지 고르시오.

31

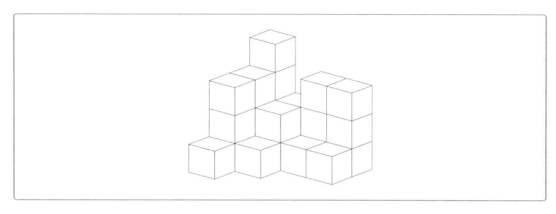

① 3개 ② 4개
③ 5개 ④ 6개

32

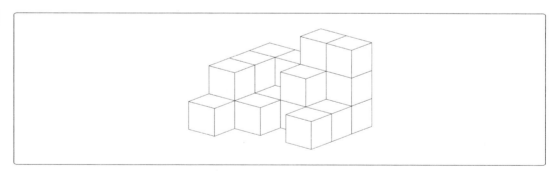

① 7개 ① 8개
③ 9개 ④ 10개

33

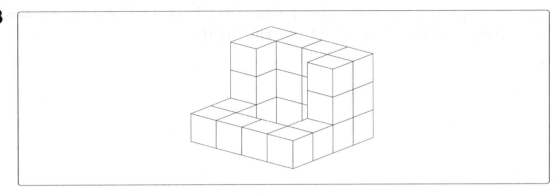

① 0개 　　　　　　② 1개

③ 2개 　　　　　　④ 3개

34

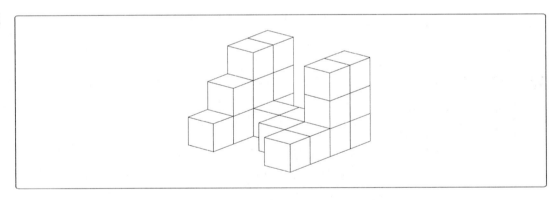

① 0개 　　　　　　② 1개

③ 2개 　　　　　　④ 3개

35

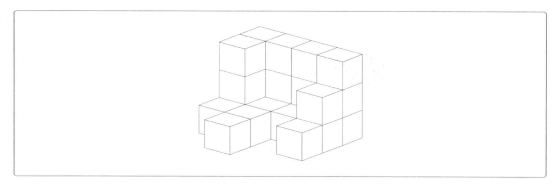

① 2개   ② 3개
③ 4개   ④ 5개

┃36~40┃ 다음 제시된 그림을 순서대로 연결하시오.

36

① ㉠ - ㉡ - ㉢ - ㉣   ② ㉡ - ㉠ - ㉢ - ㉣
③ ㉠ - ㉢ - ㉡ - ㉣   ④ ㉣ - ㉠ - ㉡ - ㉢

37

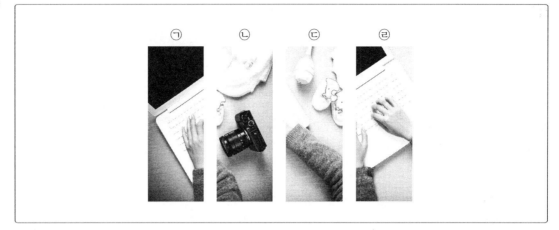

① ㉠ – ㉣ – ㉢ – ㉡   ② ㉠ – ㉡ – ㉣ – ㉢

③ ㉡ – ㉣ – ㉢ – ㉠   ④ ㉡ – ㉠ – ㉣ – ㉢

38

① ㉡ – ㉠ – ㉢ – ㉣   ② ㉡ – ㉣ – ㉢ – ㉠

③ ㉣ – ㉠ – ㉡ – ㉢   ④ ㉣ – ㉡ – ㉠ – ㉢

39

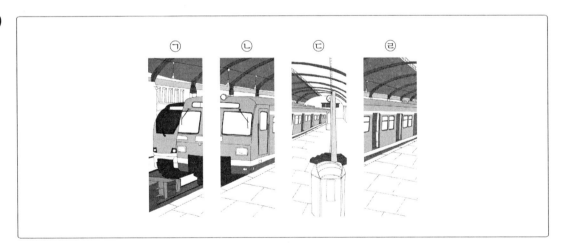

① ㉠ − ㉢ − ㉣ − ㉡

② ㉡ − ㉢ − ㉣ − ㉠

③ ㉢ − ㉠ − ㉡ − ㉣

④ ㉣ − ㉢ − ㉡ − ㉠

40

① ㉠ − ㉡ − ㉣ − ㉢

② ㉠ − ㉣ − ㉢ − ㉡

③ ㉡ − ㉠ − ㉣ − ㉢

④ ㉡ − ㉣ − ㉠ − ㉢

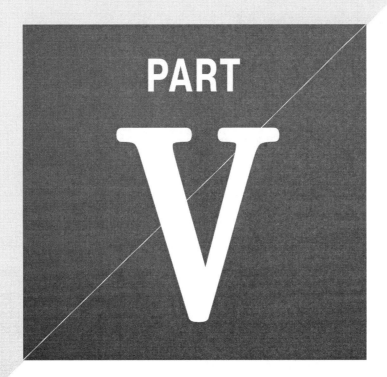

PART

V

제5회 모의고사

01 수리능력

02 추리능력

03 지각능력

CHAPTER 01

수리능력

☞ 정답 및 해설 p.292

》**40문항** ⊙**15분**

┃1~10┃ 다음 식을 계산하여 알맞은 답을 고르시오.

01

$$12 \times 51 \div 6$$

① 100   ② 102

③ 104   ④ 106

02

$$2^6 \times 3^2 \div 24$$

① 12   ② 24

③ 36   ④ 48

03

$$3 \times (\frac{2}{5} + 15) - \sin 90°$$

① 43.5   ② 44.7

③ 45.2   ④ 46.3

04

$$\sqrt[3]{216} - \log 100$$

① 3   ② 4

③ 5   ④ 6

05

$$\frac{18}{7} \times \frac{5}{9} + \sqrt{225}$$

① $\dfrac{95}{7}$ ② $\dfrac{102}{7}$

③ $\dfrac{109}{7}$ ④ $\dfrac{115}{7}$

06

$$807 \times 3푼$$

① 242.1   ② 24.21

③ 2.421   ④ 0.2421

07

$$32 \times \cos 60° \times \tan 45°$$

① 16   ② 17

③ 18   ④ 19

08

$$-2 \times (3)^2 \div \frac{1}{3}$$

① 6
② -6
③ 54
④ -54

09

$$\sqrt{144} - \sqrt{49} + \sqrt{196}$$

① 18
② 19
③ 20
④ 21

10

$$\frac{7}{9} \times 27\%$$

① 21
② 2.1
③ 21%
④ 2.1%

▌11~15▌ 다음 계산식의 빈칸에 들어갈 알맞은 수 또는 연산기호를 고르시오.

11

$$60 \times 3^3 \div (\quad) = 36$$

① 18
② 27
③ 36
④ 45

12

$$\frac{11}{27} \times (\quad) + \frac{7}{6} = \frac{29}{6}$$

① 9   ② 10
③ 11   ④ 12

13

$$71 \times 51 \div (\quad) = 1,207$$

① 3   ② 4
③ 5   ④ 6

14

$$\{89\,(\quad)\,21\} \div 5 \times 22 \div 44 = 11$$

① +   ② −
③ ×   ④ ÷

15

$$12 \times 3\,(\quad)\,72 \div 4 = 54$$

① +   ② −
③ ×   ④ ÷

▌16~25▐ 다음에 주어진 A와 B값의 대소 관계를 바르게 비교한 것을 고르시오.

16

A : $\dfrac{11}{4}+0.5$ B : $\dfrac{7}{3}+1$

① A > B   ② A < B
③ A = B   ④ 알 수 없다.

17

A : 5할2푼 B : $\dfrac{3}{5}$

① $A > B$ ② $A < B$
③ $A = B$ ④ 알 수 없다.

18

A : $3^{-2}+2$ B : $\dfrac{7}{2^3}+1.25$

① A > B   ② A < B
③ A = B   ④ 알 수 없다.

19

A : $\dfrac{2^2+4^2}{3}$ B : $\dfrac{2^3+4^2}{4}$

① $A > B$ ② $A < B$
③ $A = B$ ④ 알 수 없다.

20

> $a+21=4b$일 때,
>
> • $A : 5a-7b-2$ • $B : 4a-3b+8$

① $A > B$ ② $A < B$

③ $A = B$ ④ 비교할 수 없다.

21

> A : 정팔면체 모서리의 수
>
> B : 십이각형의 한 꼭짓점에서 그을 수 있는 대각선의 수

① A > B   ② A < B

③ A = B   ④ 알 수 없다.

22

> • $A : \sqrt{10}$ • $B : \sqrt{3}+3$

① $A > B$ ② $A < B$

③ $A = B$ ④ 비교할 수 없다.

23

> $A : (-3)^2-2^3+6.5$ $B : 81^{\frac{1}{2}}-4^{\frac{1}{2}}-1$

① A > B   ② A < B

③ A = B   ④ 알 수 없다.

24

$5a = 2b - 8$일 때,

- $A : 3a + 2b - 17$ - $B : -2a + 4b - 23$

① $A > B$ ② $A < B$

③ $A = B$ ④ 비교할 수 없다.

25

- $A : \sqrt[4]{6}$ - $B : \sqrt[3]{4}$

① $A > B$ ② $A < B$

③ $A = B$ ④ 비교할 수 없다.

▎26~27 ▎ 다음 질문에 알맞은 답을 고르시오.

어느 공장에 인형을 조립하는 기계는 1개의 인형을 조립하는데 3분이 걸리고, 인형을 포장하는 기계는 1개의 인형을 포장하는데 5분이 걸린다. 이 공장의 오전 업무시간은 9시~12시, 오후 업무시간은 1시~6시이고, 업무시간 이외의 시간에는 기계를 가동시키지 않는다.

26 오전 업무시간 동안 조립기계 2대만 가동하고, 오후 업무시간 동안 조립기계 2대와 포장기계 3대를 동시에 가동할 때, 하루 업무를 끝낸 시점에 포장되지 않고 남아있는 인형은 몇 개인가? (단, 어제 포장되지 않고 남아있는 인형은 없었다.)

① 120개   ② 140개

③ 200개   ④ 220개

27 업무시간동안 조립기계 1대와 포장기계 3대를 동시에 가동하는데 더 이상 포장할 인형이 없는 시점에 포장기계는 가동을 중지하고 더 이상 작동시키지 않을 때, 포장기계가 가동을 중지하는 시간은 몇 시인가? (단, 전날 포장되지 않고 남아있는 인형의 수는 96개이다.)

① 3시   ② 3시 20분

③ 4시   ④ 4시 40분

28 35%의 소금물 400g을 가열하여, 50g의 물을 증발시키면 몇 %의 소금물이 되는가?

① 40%   ② 45%

③ 50%   ④ 55%

29 두 자리의 자연수가 있다. 십의 자리의 숫자의 2배는 일의 자리의 숫자보다 1이 크고, 십의 자리의 숫자와 일의 자리의 숫자를 바꾼 자연수는 처음 수보다 9가 크다고 한다. 이를 만족하는 자연수는?

① 11   ② 23

③ 35   ④ 47

30 작년까지 A시의 지역 축제에서 A시민에게는 60% 할인된 가격으로 입장료를 판매하였는데 올해부터는 작년 가격에서 각각 5,000원씩 추가 할인하여 판매하기로 했다. 올해 일반 성인입장료와 A시민 성인입장료의 비가 5 : 2일 때, 올해 일반 성인입장료는 얼마인가?

① 9,000원   ② 9,500원

③ 10,000원   ④ 10,500원

31 철수는 집에서 12km 떨어진 민수네 집에 가기 위하여 처음에는 시속 3km로 걸어가다가 나중에는 시속 4km로 뛰어갔다. 철수네 집에서 민수네 집까지 가는 데 걸린 시간이 3시간 30분이었다면 철수가 뛰어간 거리는 얼마인가?

① 4km   ② 5km
③ 6km   ④ 7km

32 창고에 가득 찬 짐을 기계의 도움 없이 하루 만에 바로 옆 창고로 옮기기 위해서는 남자 3명 또는 여자 9명이 필요하다. 오늘 하루에 짐을 다 옮겨야 하는데 남자 인부를 2명밖에 구하지 못했다면 여자 인부가 최소 몇 명이 필요한가?

① 1명   ② 2명
③ 3명   ④ 4명

33 백의 자리 숫자가 2이며 십의 자리 숫자가 5인 세 자리 자연수가 있다. 그런데 십의 자리 숫자와 일의 자리 숫자를 서로 바꾸면, 바꾼 수는 처음 수보다 18만큼 작아진다고 한다. 이때 처음 수를 구하시오.

① 221   ② 242
③ 248   ④ 253

34 A문구점에서 전 품목 100원 할인행사 중이다. 지민이는 15,000원을 가지고 있고 A문구점에서 정가 1,500원의 볼펜과 2,000원의 샤프를 사려고 한다. 볼펜과 샤프를 합쳐서 총 10개를 사야하고, 볼펜과 샤프 모두 1개 이상 구매해야 할 때, 살 수 있는 샤프의 최대 개수는?

① 1개   ② 2개
③ 3개   ④ 4개

35 a, b, c는 $a < b < c$인 등비수열이다. 세 수가 $4a+b=3c$를 만족하는 공비는 얼마인가?

① $\dfrac{4}{3}$　　　　　　　　　② $\dfrac{5}{3}$

③ 2　　　　　　　　　　　④ $\dfrac{7}{3}$

36 다음은 지하가 없는 동일한 바닥면적을 가진 건물들에 관한 사항이다. 이 중 층수가 가장 높은 건물은?

건물	대지면적	연면적	건폐율
A	400m^2	$1,200\text{m}^2$	50%
B	300m^2	840m^2	70%
C	300m^2	$1,260\text{m}^2$	60%
D	400m^2	$1,440\text{m}^2$	60%

※ 건축면적 $=\dfrac{\text{건폐율}\times\text{대지면적}}{100(\%)}$, 층수 $=\dfrac{\text{연면적}}{\text{건축면적}}$.

① A　　　　　　　　　　② B
③ C　　　　　　　　　　④ D

37 다음은 A 극장의 입장객 분포를 조사한 것이다. 도표의 내용과 다른 것은?

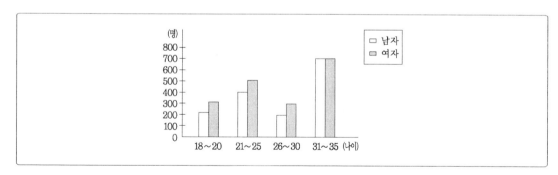

① 18~20세 사이의 전체 입장객은 500명이다.　② 18~20세 사이의 남자 200명은 극장에 갔다.
③ 여자보다 남자가 더 적게 극장에 갔다.　④ 31~35세 사이의 남성은 여성보다 더 많이 극장에 갔다.

38 다음은 2004~2008년 동안 주요 국가의 연도별 이산화탄소 배출량을 나타낸 자료이다. 2008년 전 세계 이산화탄소 배출량이 28,999.4백 만 TC라면 중국의 2008년 이산화탄소 배출량은 전 세계 배출량의 몇 %를 차지하는가?

단위 : 백 만 TC(탄소톤)

구분	2004년	2005년	2006년	2007년	2008년
중국	2,244.1	3,077.2	5,103.1	6,071.8	6,877.2
미국	4,868.7	5,698.1	5,771.7	5,762.7	5,195.0
인도	582.3	972.5	1,160.4	1,357.2	1,585.8
러시아	2,178.8	1,505.5	1,516.2	1,578.5	1,532.6
일본	1,064.4	1,184.0	1,220.7	1,242.3	1,092.9
독일	950.4	827.1	811.8	800.1	750.2
이란	179.6	316.7	426.8	500.8	533.2
캐나다	432.3	532.8	558.8	568.0	520.7
한국	229.3	437.7	467.9	490.3	515.5
영국	549.3	523.8	533.1	521.5	465.8

① 약 17%
② 약 23%
③ 약 31%
④ 약 35%

			(중량을 백분율로 표시)
영양소	식품	대두	우유
수분		11.8%	88.4%
탄수화물		31.6%	4.5%
단백질		34.6%	2.8%
지방		(가)	3.5%
회분		4.8%	0.8%
합계		100.0%	100.0%

39 (가)에 들어갈 숫자로 올바른 것은?

① 17.2% ② 20.2%

③ 22.3% ④ 34.2%

40 대두에서 수분을 제거한 후, 남은 영양소에 대한 중량 백분율을 새로 구할 때, 단백질중량의 백분율은 약 얼마가 되는가? (단, 소수점 셋째 자리에서 반올림한다)

① 18.09% ② 24.14%

③ 39.23% ④ 41.12%

CHAPTER 02

추리능력

☞ 정답 및 해설 p.296

〉〉**40문항** ⊙**20분**

▌1~10▐ 다음은 일정한 규칙에 따라 배열한 수열이다. 빈칸에 들어갈 알맞은 수를 고르시오.

01

| 1   3   6   4   (   )   21   18   22   88   84 |

① 7 ② 8
③ 12 ④ 14

02

| 8   8   7   6   4   1   5   6   2   (   ) |

① 2 ② 4
③ 6 ④ 8

03

| 1   1   2   3   4   9   8   27   (   ) |

① 16 ② 18
③ 20 ④ 22

04

$$1 \quad 4 \quad -5 \quad 22 \quad -59 \quad (\quad)$$

① 174   ② 178

③ 184   ④ 188

05

$$\frac{1}{3} \quad \frac{4}{9} \quad (\quad) \quad \frac{10}{81} \quad \frac{13}{243}$$

① $\dfrac{7}{18}$ ② $\dfrac{3}{22}$

③ $\dfrac{7}{27}$ ④ $\dfrac{3}{35}$

06

$$1 \quad 2 \quad 2 \quad 4 \quad 8 \quad 32 \quad (\quad)$$

① 64   ② 128

③ 256   ④ 512

07

$$\frac{3}{2} \quad \frac{13}{2} \quad \frac{13}{12} \quad (\quad) \quad \frac{23}{22}$$

① $\dfrac{17}{12}$ ② $\dfrac{23}{12}$

③ $\dfrac{29}{12}$ ④ $\dfrac{31}{12}$

08

$$1 \quad 4 \quad 10 \quad 22 \quad 46 \quad 94 \quad 190 \quad (\quad)$$

① 356   ② 450

③ 382   ④ 290

09

$$1 \quad 3 \quad 10 \quad 30 \quad (\quad) \quad 276 \quad 831$$

① 60   ② 92

③ 126   ④ 180

10

$$\frac{1}{5} \quad \frac{1}{5} \quad \frac{3}{20} \quad \frac{1}{10} \quad \frac{1}{16} \quad (\quad)$$

① $\frac{3}{22}$ ② $\frac{5}{42}$

③ $\frac{1}{60}$ ④ $\frac{3}{80}$

┃11~15┃ 다음은 일정한 규칙으로 나열된 문자이다. 빈칸에 들어갈 알맞은 문자를 고르시오.

11

$$A - B - C - F - ? - P - S$$

① D   ② H

③ V   ④ Z

12

C－E－F－H－I－K－?

① J   ② K
③ L   ④ M

13

D － E － H － M － ?

① Q   ② R
③ S   ④ T

14

B － D － F － ? － J － L

① G   ② H
③ I   ④ K

15

$$\frac{P}{ㄱ} \quad \frac{ㅎ}{C} \quad \frac{L}{ㅁ} \quad (\quad) \quad \frac{H}{ㅈ} \quad \frac{ㅂ}{K}$$

① $\frac{V}{ㅇ}$ ② $\frac{ㅊ}{G}$
③ $\frac{ㄹ}{Q}$ ④ $\frac{S}{ㅅ}$

┃ 16~18 ┃ 다음의 밑줄 친 수들의 규칙을 파악하여 빈칸에 들어갈 알맞은 수를 고르시오.

16

3 5 4　　6 8 4　　5 7 ( )

① 1　　　　　　　　　　　　② 2
③ 3　　　　　　　　　　　　④ 4

17

4 6 5　　15 2 4　　1 20 6　　30 2 ( )

① 0　　　　　　　　　　　　② 2
③ 3　　　　　　　　　　　　④ 5

18

5 4 16　　9 3 24　　12 6 ( )

① 48　　　　　　　　　　　② 54
③ 60　　　　　　　　　　　④ 66

┃ 19~20 ┃ 다음에 주어진 연산기호의 규칙을 파악하여 빈칸에 들어갈 알맞은 수를 고르시오.

19

20 * 4 = 1　　40 * 5 = 3　　60 * 6 = ( )

① 2　　　　　　　　　　　　② 3
③ 4　　　　　　　　　　　　④ 5

20

$$6 \text{ 볏 } 2 = 6 \qquad 7 \text{ 볏 } 3 = 3 \qquad 9 \text{ 볏 } 2 = (\quad)$$

① 12
② 13
③ 14
④ 15

│21~25│ 다음 중 나머지 보기와 다른 규칙이 적용된 것을 고르시오.

21   ① 조쭈조쭈
② 도투도투
③ 보푸보푸
④ 고쿠고쿠

22   ① ㅏ ㅡ ㅣ ㅜ
② ㄱ ㄷ ㄹ ㅁ
③ ㅈ ㅊ ㅋ ㅍ
④ ㄴ ㅂ ㅅ ㅇ

23   ① 1357
② 가다마사
③ aceg
④ ADEG

24   ① Ⅰ Ⅸ Ⅱ Ⅷ
② ㄱ ㄴ ㅇ ㅈ
③ AIBH
④ 1928

25   ① 2468
② aceh
③ ㄷ ㅁ ㅅ ㅊ
④ BDFI

■ 26~30 ■ 다음 도형들의 일정한 규칙을 찾아 빈칸에 들어갈 도형을 고르시오.

26

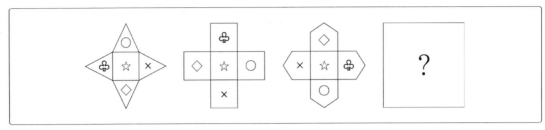

①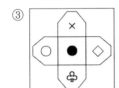

②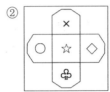

③

④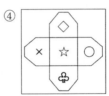

27

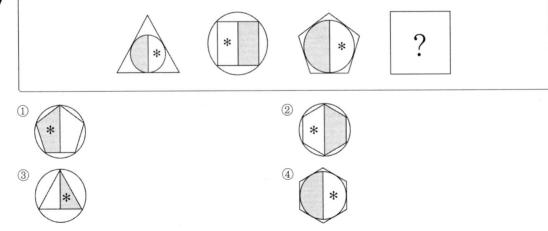

28

①

②

③

④

29

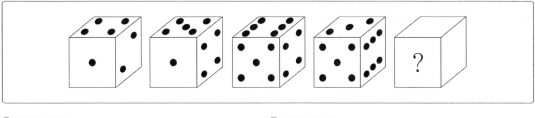

①

②

③

④

30

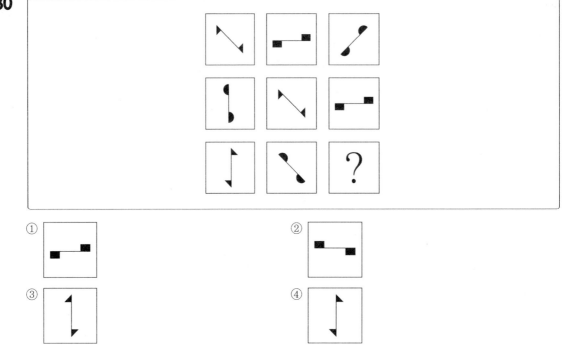

①
②
③
④

---

31 다음 중 같은 물리법칙이 적용된 것을 고른 것은?

> ㉠ 아이언맨이 분사장치를 이용해 하늘로 날아올랐다.
>
> ㉡ 헐크가 바지에 묻은 먼지를 털었다.
>
> ㉢ 토르가 망치를 놓치자 땅에 떨어졌다.
>
> ㉣ 로키가 캡틴아메리카의 방패를 쳤더니 서로 반대쪽으로 밀려났다.

① ㉠㉡　　　　　　　　　　② ㉠㉣

③ ㉡㉢　　　　　　　　　　④ ㉡㉣

32 그림과 같이 전압 110V에 전구를 연결한 후 회로에 흐르는 전류를 측정하였다. 이 회로를 흐르는 전류의 세기가 400mA일 때 전구의 저항은 몇 Ω인가?

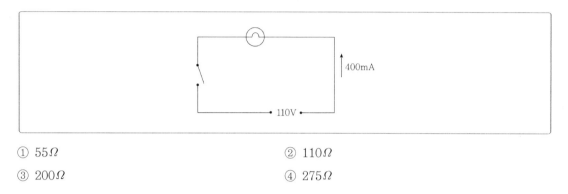

① 55Ω

② 110Ω

③ 200Ω

④ 275Ω

33 어떤 니크롬선에 걸리는 전압을 변화시키며 니크롬선에 흐르는 전류의 세기를 측정했을 때 다음과 같았다. 이 니크롬선의 저항은?

전압(V)	전류(A)
2	0.1
4	0.2
6	0.3
8	0.4

① 20Ω

② 25Ω

③ 30Ω

④ 35Ω

34 오른쪽 그림과 같이 움직 도르래를 사용하여 무게가 500N인 물체를 일정한 속력으로 2m 들어올렸다. 이에 대한 설명으로 옳지 않은 것은? (단, 도르래의 무게와 마찰은 무시한다.)

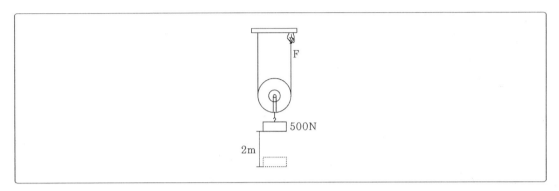

① 일의 이득은 없다.

② 도르래가 한 일의 양은 1000J이다.

③ 당긴 줄의 길이는 4m이다.

④ 줄을 당길 때 필요한 힘의 크기는 500N이다.

35 그림과 같이 코일의 중심축 상에 있는 막대자석을 손으로 잡고 있다. 코일에 유도전류가 흐르지 않는 경우는?

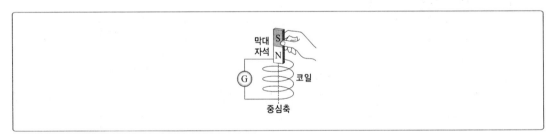

① 막대자석을 위로 움직일 때

② 막대자석을 아래로 움직일 때

③ 코일을 위로 움직일 때

④ 코일 속에서 막대자석을 움직이지 않을 때

36 다음 중 올챙이에서 개구리로 성장하는 과정을 순서대로 바르게 나열한 것을 고르시오.

> ㉠ 뒷다리 생김
> ㉡ 앞다리 생김
> ㉢ 꼬리 소멸

① ㉠-㉡-㉢   ② ㉠-㉢-㉡

③ ㉡-㉠-㉢   ④ ㉢-㉠-㉡

37 길이가 20cm인 용수철에 40g의 추를 매달았을 때 30cm가 된다. 이 용수철저울의 총 길이가 42cm가 되려면 몇 g의 추를 매달아야 하는가?

① 82g   ② 84g

③ 86g   ④ 88g

38 무게가 35N인 추를 용수철에 매달았더니 용수철의 길이가 5cm 늘어났다. 이 용수철에 인형을 매달았더니 7cm 늘어났다. 이 인형의 무게로 옳은 것은?

① 49N   ② 56N

③ 63N   ④ 70N

39 끓는 물에 계속 열을 가하여도 온도가 올라가지 않는 이유로 알맞은 것은?

① 끓는점에서 액체가 기체로 상태가 변하는 동안 공급되는 열은 기화 잠열로 쓰인다.

② 공급되는 열이 물 분자의 에너지를 증가시키지 못하기 때문이다.

③ 상태 변화 과정에서 공급되는 열은 물이 수소와 산소로 분해되는 데 쓰인다.

④ 수증기가 공급되는 열을 모두 흡수하기 때문이다.

40 다음 빈칸에 들어가기에 적절한 것은?

> 창던지기의 경우 20~30m의 도움닫기를 한 다음 정해진 서클에 이르면 창을 던진다. 이때 던지는 힘, 기술 및 도움닫기에서 얻어진 힘의 (   )이 합쳐져 더 멀리 던질 수 있다.

① 작용 · 반작용   ② 탄성
③ 관성   ④ 중력

CHAPTER 03

지각능력

☞ 정답 및 해설 p.301

>> **40문항** ⊙ **10분**

┃01~20┃ 다음에 주어진 문자의 좌우가 서로 같으면 ①, 다르면 ②를 고르시오.

01

| 5168762132 | 5168762132 |

① 같다　　　　　　　　② 다르다

02

| 요손손가이우가새땅이에 | 요손손가이우가새깡이에 |

① 같다　　　　　　　　② 다르다

03

| ℃℄‰ƐӘ℉ℊℋℌ | ℃℄‰ƷӘ℉ℊℋℌ |

① 같다　　　　　　　　② 다르다

04

| しちひみヒサイてへめ | しちひみヒサイてへめ |

① 같다　　　　　　　　② 다르다

05

Look what I've found!　　　　　　Book that I've found!

① 같다　　　　　　　　　② 다르다

06

АДЖИКФЭЮЪЕ　　　　　　АДЖИКФЭЮЪЕ

① 같다　　　　　　　　　② 다르다

07

지현우이민기고수강동원원빈　　　　지현우이만기고수방동원원빈

① 같다　　　　　　　　　② 다르다

08

▷√※≒‰¤Σ◉◐◁　　　　▷√※≒‰¤Σ◉◐◁

① 같다　　　　　　　　　② 다르다

09

AFdjgEgblWfgnwH　　　　　AFdjgEgblWfgnwH

① 같다　　　　　　　　　② 다르다

10

Always keep the faith   Always keep the faith

① 같다   ② 다르다

11

$\alpha\,\gamma\,\varepsilon\,\eta\,\iota\,\lambda\,\nu\,o\,\rho\,\tau$ $\alpha\,\Xi\,\varepsilon\,\eta\,\iota\,\lambda\,\nu\,o\,\Theta\,\tau$

① 같다   ② 다르다

12

STEFRTYEEAH   STEFRTYEEAH

① 같다   ② 다르다

13

① 같다   ② 다르다

14

ㄱㄴㄹㅇㄱㅁㄴㅇㅁㄱㄴㄱㅁㅇㄹ   ㄱㄴㄹㅇㄱㅁㄴㅇㅁㄱㄴㄱㅁㅇㄹ

① 같다   ② 다르다

15

C38AFEMAM54@AS   C38AFENAM54@A5

① 같다   ② 다르다

16

堯舜之節(요순지절)   堯舜之節(요순지절)

① 같다   ② 다르다

17

ajfltmvnqlrgnwkfmt   aifltmunplrgnmkjmt

① 같다   ② 다르다

18

$¥B℃N₩⑩P♪ρ£ $¥B℃N₩⑩P♪ρ£

① 같다   ② 다르다

19

ㅄㄸㄴㅅㅿ 풍ㅿㅿㅓ   ㅄㄸㄴㅅㅿ 뻥ㅿㅿㅓ

① 같다   ② 다르다

20

Put her on the phone	Put her in the phone

① 같다   ② 다르다

▌21~25 ▌ 다음에 주어진 블록의 개수를 구하시오.

21

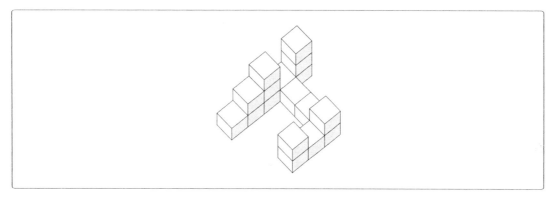

① 17개   ② 18개
③ 19개   ④ 20개

22

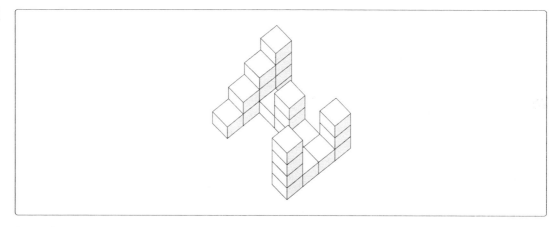

① 21개   ② 22개
③ 23개   ④ 24개

23

① 20개   ② 21개
③ 22개   ④ 23개

24

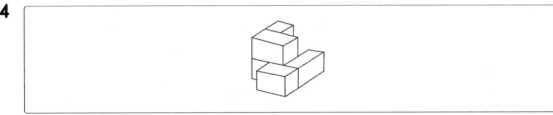

① 4개   ② 5개
③ 6개   ④ 7개

25

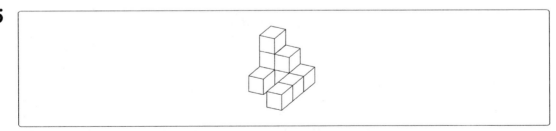

① 7개   ② 8개
③ 9개   ④ 10개

❙26~30❙ 주어진 블록의 모양은 그대로 두고 최소한의 블록을 더 추가해서 정육면체로 만들려고 한다. 몇 개의 블록이 더 필요한지 고르시오. (단, 모든 블록의 크기와 모양은 같다)

26

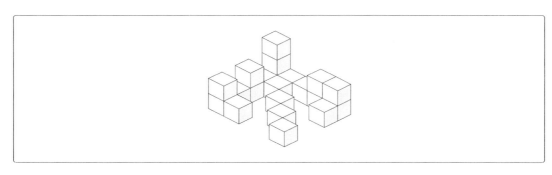

① 101개   ② 102개

③ 103개   ④ 104개

27

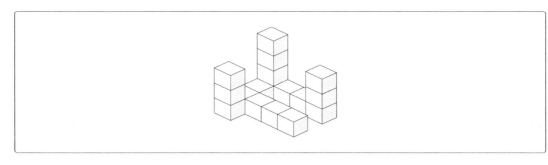

① 44개   ② 45개

③ 46개   ④ 47개

28

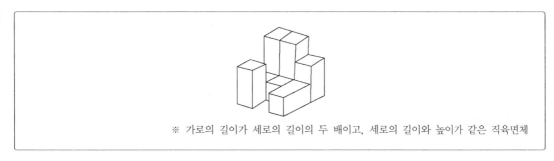

※ 가로의 길이가 세로의 길이의 두 배이고, 세로의 길이와 높이가 같은 직육면체

① 6개   ② 8개

③ 25개   ④ 26개

29

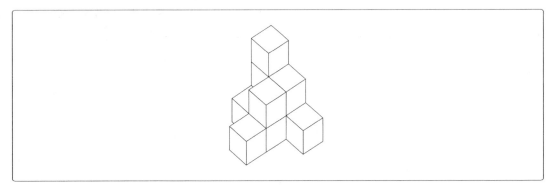

① 16개   ② 17개

③ 18개   ④ 19개

30

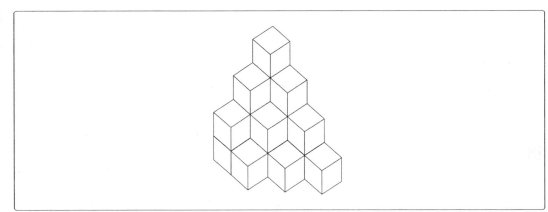

① 39개   ② 41개

③ 43개   ④ 45개

| 31~35 | 다음과 같이 쌓인 블록의 바닥면을 제외하고 밖으로 노출된 모든 면에 페인트를 칠하려고 한다. 한 면에만 페인트칠이 되는 블록은 모두 몇 개인지 고르시오.

31

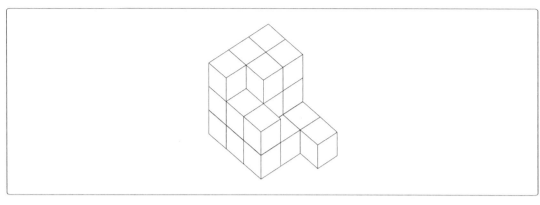

① 4개   ② 5개
③ 6개   ④ 7개

32

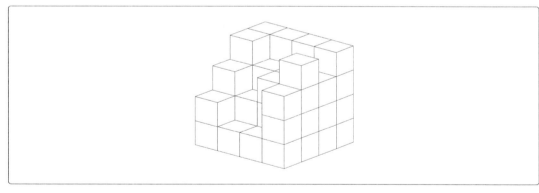

① 14개   ② 16개
③ 18개   ④ 20개

33

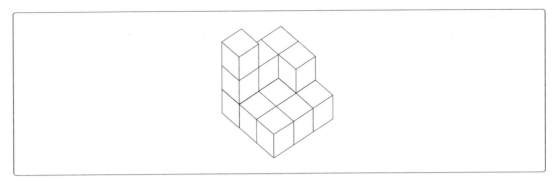

① 1개   ② 2개

③ 3개   ④ 4개

34

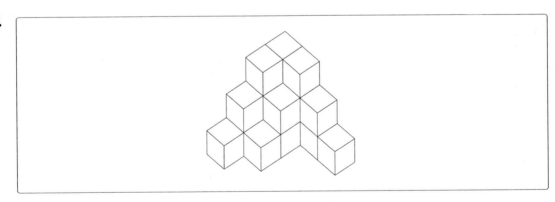

① 3개   ② 4개

③ 5개   ④ 6개

35

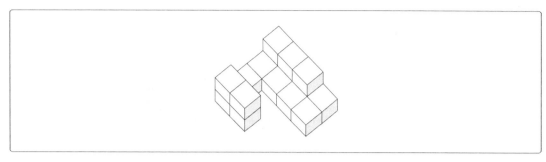

① 1개 　　　　　　　　　　　　② 2개
③ 3개 　　　　　　　　　　　　④ 4개

┃36～40┃ 다음 제시된 그림을 순서대로 연결하시오.

36

① ㉠ － ㉣ － ㉢ － ㉡ 　　　　② ㉢ － ㉡ － ㉠ － ㉣
③ ㉠ － ㉢ － ㉡ － ㉣ 　　　　④ ㉢ － ㉠ － ㉣ － ㉡

37

① ㉠ − ㉡ − ㉢ − ㉣   ② ㉡ − ㉠ − ㉣ − ㉢

③ ㉡ − ㉣ − ㉠ − ㉡   ④ ㉣ − ㉠ − ㉢ − ㉡

38

① ㉠ − ㉢ − ㉡ − ㉣   ② ㉡ − ㉣ − ㉠ − ㉢

③ ㉢ − ㉡ − ㉠ − ㉣   ④ ㉢ − ㉡ − ㉣ − ㉠

39

① ㉠ - ㉢ - ㉡ - ㉣   ② ㉡ - ㉢ - ㉠ - ㉣

③ ㉢ - ㉠ - ㉣ - ㉡   ④ ㉣ - ㉡ - ㉢ - ㉠

40

① ㉠ - ㉣ - ㉡ - ㉢   ② ㉠ - ㉣ - ㉢ - ㉡

③ ㉡ - ㉣ - ㉠ - ㉢   ④ ㉣ - ㉠ - ㉢ - ㉡

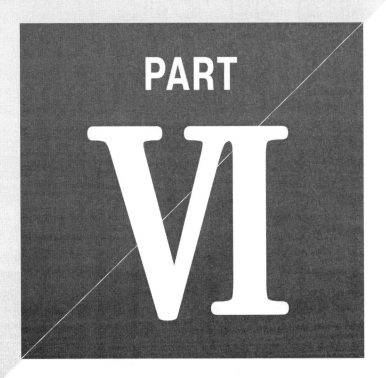

PART

VI

정답 및 해설

01 제1회 정답 및 해설

02 제2회 정답 및 해설

03 제3회 정답 및 해설

04 제4회 정답 및 해설

05 제5회 정답 및 해설

제1회 정답 및 해설

☑ 수리능력

01	02	03	04	05
②	①	③	④	①
06	07	08	09	10
②	④	①	③	②
11	12	13	14	15
②	①	②	④	①
16	17	18	19	20
①	②	③	②	①
21	22	23	24	25
③	②	②	④	①
26	27	28	29	30
②	③	②	②	①
31	32	33	34	35
④	③	③	④	①
36	37	38	39	40
②	③	④	③	④

01 ②

1354+52+180=1586

02 ①

675×2=1350

03 ③

4716-884+15=3847

04 ④

$$\frac{5 \times 3 \times 1}{6 \times 12 \times 2} = \frac{15}{144} = \frac{5}{48}$$

05 ①

$$\sqrt{5} \times \sqrt{2} \times \sqrt{8} = \sqrt{5 \times 2 \times 8} = \sqrt{80}$$
$$\sqrt{80} = \sqrt{16 \times 5} = 4\sqrt{5}$$

06 ②

15.45+20.95+10=46.4

07 ④

$$15^2 = 15 \times 15 = 225$$
$$10_{(2)} = 2(2진수)$$
$$225+2=227$$

08 ①

$10^{-3} = \dfrac{1}{1000}$ 이므로, $\dfrac{3352}{1000} = 3.352$이다.

09 ③

4316+(1478÷2)=5055

10 ②

$$\frac{2}{6} + \frac{3}{9} + \frac{6}{8} = \frac{1}{3} + \frac{1}{3} + \frac{3}{4} = \frac{2}{3} + \frac{3}{4} = \frac{8}{12} + \frac{9}{12} = \frac{17}{12}$$

11 ②

$15 \div 5 \times (\quad) = 54$에서 $3 \times (\quad) = 54$이다.
$54 \div 3 = 18$

12 ①

$64 \times (\quad) + 9 = 521$에서 $64 \times (\quad) = 521 - 9$
$64 \times (\quad) = 512$이므로 괄호는 8이 된다.

13 ②

$44.79(+)10 + 5 = 59.79$

14 ④

$16.79 \times 5(-)24 = 59.95$

15 ①

$272 + 135 \div (5) = 299$

16 ①

A : $\frac{5}{6} = \frac{25}{30}$

B : $\frac{4}{5} = \frac{24}{30}$

$\therefore A > B$

17 ②

A : $\frac{3}{8} = 0.375$

B : 0.4

$\therefore A < B$

18 ③

A : 15cm=150mm

B : 150mm

$\therefore A = B$

19 ②

A : 10,000cc

B : 150L = 150,000cc

$\therefore A < B$

20 ①

A : $\frac{3}{5} = \frac{27}{45}$

B : $\frac{5}{9} = \frac{25}{45}$

$\therefore A > B$

21 ③

A : $504 \times 145 = 73,080$

B : 73,080

$\therefore A = B$

22 ②

A−B=5a+5b+5−(4a+2b+9)

= a+3b−4=2−4

= −2 < 0

∴ $A < B$

23 ②

A : $\dfrac{9}{16} = 0.5625$

B : 0.5725

∴ $A < B$

24 ④

A : 정육면체 겉넓이 공식은 '6×한 면의 넓이'이고, 한 면의 넓이는 $4 \times 4 = 16cm^2$이므로 겉넓이는 $6 \times 16 = 96cm^2$

B : 원의 둘레 공식은 $2\pi r = 2 \times 3.14 \times 7 = 43.96cm$

겉넓이(cm^2)와 둘레(cm)는 물리적 의미가 다르기 때문에 비교를 할 수 없다.

25 ①

운동에너지 공식은 $E = \dfrac{1}{2}mv^2$이다.

A : $\dfrac{1}{2} \times 10 \times 25 = 125 J$

B : $\dfrac{1}{2} \times 20 \times 9 = 90 J$

26 ②

증감률(%) = $\left(\dfrac{\text{올해의 어획량} - \text{작년의 어획량}}{\text{작년의 어획량}} \right) \times 100$

증감률(%) = $\left(\dfrac{10,000 - 8,000}{8,000} \right) \times 100 = 25\%$

올해의 어획량이 작년에 비해서 25% 증가하였다.

27 ③

역까지 갈 때의 거리, 집으로 돌아올 때의 거리는 각각 8km이다.

왕복시간은 3시간에 해당한다. 집으로 돌아올 때의 속도는 역으로 갈 때의 속도 절반에 해당한다.

역으로 갈 때 걸린 시간 : $t_1 = \dfrac{\text{거리}}{\text{속도}} = \dfrac{8}{v}$

집으로 돌아올 때 걸린 시간 : $t_2 = \dfrac{8}{v/2} = \dfrac{16}{v}$

총 시간 : $t_1 + t_2 = 3$

$\dfrac{8}{v} + \dfrac{16}{v} = 3$

$v = \dfrac{24}{3} = 8 km/h$

28 ②

공의 총 개수는 3+5+2=10(개)이다.

두 개를 뽑는 조합 : $_{10}C_2 = \dfrac{10 \times 9}{2} = 45$

빨간 공 3개 중에 2개를 뽑는 조합 :

$_3C_2 = \dfrac{3 \times 2}{2} = 3$

확률 : $P($빨간 공 2개$)$

$= \dfrac{\text{빨간 공 3개 중 2개를 뽑는 조합}}{\text{두 개를 뽑는 조합}} = \dfrac{3}{45} = \dfrac{1}{15}$

29 ②

A가로등을 10m 마다 설치하므로 $\dfrac{600-10}{10}=59$(개)

B가로등을 12m 마다 설치하므로 $\dfrac{600-12}{12}=49$(개)

총 가로등은 147개 이므로

C 가로등은 147−59−49=39개이다.

C 가로등의 간격을 x라고 하면

$\dfrac{600-x}{x}=39$

$600-x=39x$

$600=40x$

$x=15$

∴ C 가로등을 15m씩 설치되어 있다.

30 ①

50L 물탱크는 매 분 3L씩 줄어들어 10분 후 남은 물의 양은 $50-(3\times10)=20$L에 해당한다.

30L 물탱크의 줄어드는 양을 x라고 하였을 때, 10분 후 남은 물의 양은 $\{30-(10\times x)\}$L에 해당한다.

10분 후 두 물탱크의 남은 물의 양이 같으므로

$50-(3\times10)=30-(10\times x)$

$20=30-10x$

$x=1$

∴ 30L 물탱크는 매분 1L씩 물이 줄어든다.

31 ④

A자동차는 매분 0.4L 연료를 소비하므로 30분 후에 남은 연료량은 $50-(0.4\times30)=38$L에 해당한다.

B자동차가 매분 소비하는 양을 x라고 하였을 때 30분 후에 남은 연료량은 $(80-30x)$L에 해당한다.

30분 후 남은 연료량이 같아졌다 하였으므로

$38=80-30x$

$x=\dfrac{42}{30}=1.4$L/분

32 ③

민수의 적금액(15개월 후)=M + (1,500 × 15)

민지의 적금액(15개월 후)=4,000 + (1,000 × 15)

민수의 적금액 = 민지의 적금액 × 1.5

M + 22,500 = 1.5 × 19,000

M = 6,000(원)

33 ③

x는 사과 1개의 가격, y는 바나나 1개의 가격이라 하면 다음과 같다.

사과 4개와 바나나 6개의 가격 합 :

$4x+6y=5,600$(원) ⋯ ㉠

사과 3개와 바나나 5개의 가격 합 :

$3x+5y=4,300$(원) ⋯ ㉡

㉠과 ㉡의 y값을 동일하게 만든다.

㉠ $20x+30y=28,000$

㉡ $18x+30y=25,800$

$x=1,100$(원), $y=200$(원)에 해당한다.

10,000원으로 사과 8개를 구매하면 총 8,800원으로 1,200원이 남으므로 바나나 6개를 구입할 수 있다.

34 ④

일반열차의 길이가 250m이고 다리의 길이를 L로 한다면 총 이동거리는 250+L에 해당한다.

일반열차가 통과하는 데 걸린 시간은 50초이므로 $\frac{250+L}{50}$이 일반열차의 속력이 된다.

고속열차의 길이는 150m이고 총 이동거리는 150+L이며 30초가 소요되었다 하였으므로 $\frac{150+L}{30}$이 고속열차의 속력이 된다. 고속열차가 일반열차의 속력보다 1.5배 빠르다 하였으므로

$$\frac{150+L}{30} = 1.5 \times \frac{250+L}{50}$$

L=750

∴ 다리의 길이는 750m가 된다.

35 ①

동생 현재 나이 : x

K의 현재 나이 : $x+4$

아빠의 현재 나이 : y

㉠ 현재 동생과 K의 나이 합은 아빠 나이의 절반이므로 $x + (x+4) = \frac{y}{2}$에 해당한다. 양변을 정리하면 $4x + 8 = y$가 된다.

㉡ 15년 후에는 동생과 K의 나이 합이 아빠 나이보다 10살 적어지게 된다. 이것을 식으로 정리하면 $(x+15) + (x+4+15) = y + 15 - 9$이다. 식을 정리하면 $2x + 28 = y$에 해당한다.

㉠과 ㉡에서 정리된 식을 비교하면 $4x + 8 = 2x + 28$이다. $x = 10$에 해당한다.

아빠의 나이는 $y = 4x + 8$에 x의 값을 넣으면 $y = 48$이 된다.

따라서 현재 동생의 나이는 10살, 아빠의 나이는 48살로 동생과 아빠 나이의 합은 58살이 된다.

36 ②

①② 치명률(%) = $\frac{\text{사망자 수}}{\text{환자 수}} \times 100$에 따라 계산하면 A(5%), B(4%), C(4%), D(6%), E(2%)이다. 치명률이 가장 높은 도시는 D이고 가장 낮은 도시는 E에 해당한다.

③ 감염병 환자 수가 가장 적은 도시는 B로 사망자 수 역시 1명으로 가장 적다.

④ A도시의 감염병 사망자 수는 15명으로 10명이 넘는다.

37 ③

'감척지원금 = 어선 잔존가치 + (평년수익액 × 3) + (선원 수 × 선원당 월 통상임금 고시액 × 6)' 공식에 따라 계산을 하면 된다. 선원당 월 통상임금 고시액은 5백만 원/명에 해당한다.

A : 170 + (60 × 3) + (6 × 5 × 6) = 170 + 180 + 180 = 530백만 원

B : 350 + (80 × 3) + (8 × 5 × 6) = 350 + 240 + 240 = 830백만 원

C : 200 + (150 × 3) + (10 × 5 × 6) = 200 + 450 + 300 = 950백만 원

D : 50 + (40 × 3) + (3 × 5 × 6) = 50 + 120 + 90 = 260백만 원

38 ④

① A가 최고속력은 빠르지만 자체수리는 불가능하다.

② C는 공중급유가 불가능하다.

③ B의 항속거리가 제일 짧다.

39 ③

③ 기계, 출판, 의료, 건축 분야에서는 기업의 규모가 작지만 특허출원건수가 많다.

40 ④

① 2019년 이후로 학부모의 교육 참여는 꾸준히 감소하고 있는 추세이다.
② 2020년에 가장 많았지만 운영 횟수는 가장 높다.
③ 2019년에 가장 많았지만 자원봉사자 수는 가장 작다.

✓ 추리능력

01	02	03	04	05
②	②	①	③	②
06	07	08	09	10
②	④	①	②	①
11	12	13	14	15
①	④	②	①	①
16	17	18	19	20
①	④	①	③	①
21	22	23	24	25
④	②	③	④	②
26	27	28	29	30
①	④	②	③	①
31	32	33	34	35
①	②	④	②	②
36	37	38	39	40
②	③	④	①	④

01 ②

처음 수부터 +3, +5, +7, +9, …으로 더해 나간다. 따라서 빈칸에 들어갈 수는 27 + 11 = 38이다.

02 ②

처음 수부터 +0.5, +1, +2, +4, …의 규칙을 따르고 있다. 따라서 빈칸에 들어갈 수는 9.0 + 8 = 17.0이다.

03 ①

첫 항을 $\dfrac{A}{B}$, 다음 항을 $\dfrac{C}{D}$라고 할 때, $\dfrac{C}{D} = \dfrac{A+2}{B+2}$의 규칙을 전개하고 있다.

04 ③

홀수 항은 2의 배수 2, 4, 6, …, 짝수 항은 5의
배수 5, 10, 15 …이다.
따라서 빈칸에 들어갈 수는 6이다.

05 ②

앞 숫자에서 ×3을 한 것으로 빈칸에 들어갈 수
는 54 × 3 = 162이다.

06 ②

×3, ×3 −1, ×3 −2, ×3 −3, …으로 변화한다.
∴ 49 × 3 − 3 = 144

07 ④

×2, ×3, ×4, …로 변화하므로 빈칸에 들어갈
수는 12.0 × 5 = 60.0이 된다.

08 ①

+1.0, −0.5, +1.0, −0.5, …로 변화하므로 빈
칸에 들어갈 수는 1.5 + 1.0 = 2.5이다.

09 ②

앞 숫자에 +3을 더한 숫자가 다음 숫자이다.

10 ①

홀수 항은 제곱수 1^2, 2^2, 3^2, 4^2 …
짝수 항은 세제곱수 1^3, 2^3, 3^3, 4^3 …이다.
따라서 빈칸에 들어갈 수는 4^3 = 64이다.

11 ①

홀수 항은 A, B, C, … 알파벳 순서로 증가하고,
짝수 항은 Z, Y, X, … 알파벳 역순으로 감소한다.

12 ④

알파벳을 순서대로 숫자에 대입하면 다음 표와
같다.

A	B	C	D	E	F	G	H	I	J	K	L	M
1	2	3	4	5	6	7	8	9	10	11	12	13
N	O	P	Q	R	S	T	U	V	W	X	Y	Z
14	15	16	17	18	19	20	21	22	23	24	25	26

A(1) − C(3) − F(6) − J(10)는 2, 3, 4씩 증가하
므로 빈칸에 들어갈 문자는 O(15)이다.

13 ②

A(1) − E(5) − C(3) − G(7) − E(5) − I(9)은 +4,
−2가 반복되고 있으므로 다음에 들어갈 문자는
9 − 2 = 7(G)이다.

14 ①

홀수 항은 ㄱ, ㄴ, ㄷ, ㄹ, …, 짝수 항은 ㅏ,
ㅑ, ㅓ, ㅕ … 이다.
따라서 빈칸에 들어갈 문자는 ㄹ이다.

15 ①

홀수 항은 모두 ㄱ이 들어가고, 짝수 항은 ㄴ,
ㄷ, ㄹ 순서로 들어간다.

16 ①

첫 번째 수와 두 번째 수를 곱하면 세 번째 수가
나온다.

17 ④

첫 번째 수와 두 번째 수를 더하면 세 번째 수가 나온다.

18 ①

두 번째 숫자를 첫 번째 숫자만큼 제곱한 값이 세 번째 숫자가 된다.

19 ③

세 번째 수는 첫 번째 수에서 두 번째 수를 뺀 값에 해당한다.

∴ $25 - 8 = 17$

20 ①

첫 번째 수와 두 번째 수를 곱하면 세 번째 수가 나오고, 첫 번째 수와 두 번째 수를 더하면 네 번째 수가 나온다.

21 ④

$a \star b = (a \times b) + (a + b)$의 규칙을 갖는 연산기호이다.

$7 \star 5 = (7 \times 5) + (7 + 5) = 35 + 12 = 47$

22 ②

$a \diamond b = (a^2) + b$의 규칙을 갖는 연산기호이다.

$5 \diamond 7 = (5^2) + 7 = 32$

23 ③

$a \star b = (a \times b) + (a - b)$의 규칙을 갖는 연산기호이다.

$(8 \star 6) \star 2 = (48 + 2) \star 2 = 50 \star 2 = 100 + 48 = 148$

24 ④

①②③ +2씩 증가하고 있다.

25 ③

①②④ 제곱수 배열로 증가한다.

26 ①

열마다 색상들이 오른쪽으로 한 칸씩 이동하고 있다.

27 ④

홀수자리 도형은 1, 3, 5 순서가 시계방향으로 이동하고, 짝수자리 도형은 2, 4, 6이 시계방향으로 이동하고 있다.

28 ②

첫 번째와 세 번째 줄은 끝에 자리 숫자가 이어지고, 두 번째 줄은 △ ★ △와 ▽ ☆ ▽이 반복되어 나타나고 있다.

29 ③

겉에는 사각형, 오각형, 육각형, 칠각형으로 변하고, 안에 원형에서는 색상이 시계방향으로 이동하고 있다.

30 ①

도형이 반시계 방향으로 회전하고 있다.

31 ①

②④ 작용−반작용 법칙에 해당한다.
③ 회전력과 관련된 물리법칙이다.

32 ②

① 작용−반작용 법칙에 해당한다.
③ 중력과 관련된다.
④ 힘의 평형 상태를 설명한다.

33 ④

④ 힘점에서 받침점까지의 거리가 작용점에서 받침점까지의 거리보다 길수록 준 힘보다 더 큰 힘이 물체에 작용한다.

34 ②

① 속력과 방향이 변하지 않음
③ 방향이 변함
④ 속력이 변함

35 ②

탄성력은 외부의 힘에 의해 변형된 물체가 원래의 모양으로 되돌아가려는 힘으로, 손에 작용하는 탄성력의 방향은 왼쪽이다.

36 ②

① c에서 위치 에너지가 가장 크다.
③ a에서 c로 갈수록 운동에너지가 감소한다.
④ c에서 e로 갈수록 위치에너지가 감소한다.

37 ③

마찰력이란 물체가 다른 물체에 접촉하면서 운동을 시작하려고 할 때, 혹은 운동하고 있을 때, 접촉면에 생기는 운동을 방해하는 힘을 말한다.

38 ④

전지 두 개를 병렬로 연결하면 1개보다 밝기는 같지만 시간은 2배 더 길게 사용이 가능하다.
전지 두 개를 직렬연결하면 1개때보다 전압이 2배 높아지며, 이에 따라 전류도 2배 증가하여 전력사용량은 4배가 된다. 즉 직렬연결시 1개보다 시간은 반으로 줄어든다.
따라서 가장 전압이 낮은 것은 ④번 병렬연결이다.

39 ①

물체가 움직이지 않았으므로 당기는 힘의 크기 F와 면 사이의 마찰력의 크기 f는 같다.

40 ④

중력과 역학적 에너지 보존 ··· 물체가 높은 곳에서 떨어지면 위치 에너지는 감소하나 속도가 증가하여 운동 에너지는 증가한다. 이 때 역학적 에너지의 크기는 일정하게 유지된다.

지각능력

01	02	03	04	05
②	②	①	①	②
06	07	08	09	10
②	①	①	②	②
11	12	13	14	15
②	①	①	②	①
16	17	18	19	20
②	②	②	①	①
21	22	23	24	25
①	②	④	③	④
26	27	28	29	30
④	③	②	②	③
31	32	33	34	35
③	④	②	②	②
36	37	38	39	40
④	①	③	④	①

01 ②

가갸거겨고교구규그긔   가갸거겨고고구규그긔

02 ②

○ ● ◎ ● ○ ◎ ● ● ○ ◎ ◎ ● ‒ ○ ● ○ ● ◎ ◎ ● ●
○ ● ◎ ●

03 ①

좌우가 동일하다.

04 ①

좌우가 동일하다.

05 ②

↔↓↓↗↖↑↑↓↦↔↑↘↓↑↑↓↗ – ↔↓↓↗
↘↑↓↦↔↑↘↓↑↑↓↗

06 ②

⇄‖⇆⊨‖⇥‖↦‖↑↑⇆⊨‖ – ⇄‖⇆⊨‖⇥‖↦
⇆‖↦⇆⊨‖

07 ①

좌우가 동일하다.

08 ①

좌우가 동일하다.

09 ②

ㄱㄷㄴㅂㅋㅈㅅㅂㄹㅇㅂㅈㄱㄷㅎ – ㄱㄷㄴㅁㅋㅅ
ㅂㄹㅇㅂㅅㄱㄷㅎ

10 ②

ㅏㅕㅓㅕㅑ丄ㅓㅏㅣㅕ丰ㅑㅑㅓㅓ – ㅓㅣ丄ㅓㅓㅑ丄
ㅣㅓㅏㅣ丄ㅑㅑㅓㅓ

11 ②

I want to do well <u>on</u> t<u>h</u>is exam – I want to
do well <u>an</u> t<u>n</u>is exam

12 ①

좌우가 동일하다.

13 ①

좌우가 동일하다.

14 ②

①④②⑧⑥⑦⑧⑤⑨⑥⑤ – ①④②③⑥⑦⑧⑤⑥
⑥⑤

15 ①

좌우가 동일하다.

16 ②

서른네살<u>철</u>수설날엔살<u>쪄</u>서슬픈설거지 – 서른네살
<u>설</u>수설날엔살<u>겨</u>서슬<u>믄</u>설거지

17 ②

도둑이<u>도</u>토리털러도토리동산에 – 도둑이<u>토</u>도리털러
도<u>도</u>리동산에

18 ②

134<u>6</u>821<u>6</u>45798421<u>5</u>96 – 134<u>0</u>821<u>9</u>45798421<u>6</u>96

19 ①

좌우가 동일하다.

20 ①

좌우가 동일하다.

21 ①

바닥면부터 블록의 개수를 세어 보면, $6 + 6 + 3 + 1 = 16$개이다.

22 ②

바닥면부터 블록의 개수를 세어 보면, $9 + 6 + 2 + 1 = 18$개이다.

23 ④

바닥면부터 블록의 개수를 세어 보면, $7 + 3 + 1 = 11$개이다.

24 ③

바닥면부터 블록의 개수를 세어 보면, $12 + 3 + 2 + 1 = 18$개이다.

25 ④

바닥면부터 블록의 개수를 세어 보면, $14 + 4 + 1 + 1 = 20$개이다.

26 ④

바닥면부터 블록의 개수를 세어 보면, $8 + 5 + 2 + 1 = 16$개이다.

27 ③

바닥면부터 블록의 개수를 세어 보면, $4 + 3 + 1 = 8$개이다.

28 ②

바닥면부터 블록의 개수를 세어 보면, $8 + 2 + 1 = 11$개이다.

29 ②

바닥면부터 블록의 개수를 세어 보면, $3 + 4 + 2 + 1 = 10$개이다.

30 ③

바닥면부터 블록의 개수를 세어 보면, $13 + 4 + 2 + 1 = 20$개이다.

31 ③

$3 \times 3 \times 3$ 정육면체(블록 27개)를 만들 수 있다. 주어진 블록은 20개이므로 7개의 블록이 더 필요하다.

32 ④

4×4×4 정육면체(블록 64개)를 만들 수 있다. 주어진 블록은 44개이므로 20개의 블록이 더 필요하다.

33 ②

3×3×3 정육면체(블록 27개)를 만들 수 있다. 주어진 블록은 18개이므로 9개의 블록이 더 필요하다.

34 ②

5×5×5 정육면체(블록 125개)를 만들 수 있다. 주어진 블록은 67개이므로 58개의 블록이 더 필요하다.

35 ②

3×3×3 정육면체(블록 27개)를 만들 수 있다. 주어진 블록은 19개이므로 8개의 블록이 더 필요하다.

36 ④

37 ①

38 ③

39 ④

40 ①

제2회 정답 및 해설

✅ 수리능력

01	02	03	04	05
③	②	①	②	④
06	07	08	09	10
③	①	④	②	④
11	12	13	14	15
②	①	④	①	③
16	17	18	19	20
②	④	①	②	①
21	22	23	24	25
④	①	③	①	②
26	27	28	29	30
②	②	④	③	④
31	32	33	34	35
③	④	③	①	②
36	37	38	39	40
①	②	③	④	③

01 ③

$$3253 \times \frac{1}{1000} = 3.253$$

02 ②

8.93+76.8=85.73

03 ①

0.98−0.23=0.75

04 ②

$8400 \times 0.3 = 2,520$

05 ④

$$\frac{4}{9} - \frac{7}{3} = -\frac{17}{9}$$

06 ③

$2^3 \times 3^4 \times 4 = 2592$

07 ①

$\sqrt{16} + \sqrt{144} - \sqrt{169} = 3$

08 ④

$-6 \times -8 \times 2 = 96$

09 ②

$$\frac{5}{8} \times 7 \times \frac{2}{7} = \frac{5}{4}$$

10 ④

$$\frac{8}{7} \times \frac{3}{5} \times \frac{1}{14} = \frac{12}{245}$$

11 ②

$$16 \times 8 - (4) = 124$$

12 ①

$$79 \times 24 \div (8) = 237$$

13 ④

$$(58) - 18 = 40$$

14 ①

$$135 \div (3) + 5 = 50$$

15 ③

$$15 \times (8) - 30 = 90$$

16 ②

$$23 \times 7 \, (-) \, 61 = 100$$

17 ④

$$2 \times 3278 - 1978 = 6556 - 1978 = 4578$$

18 ①

$$\text{A} : \frac{5690}{10000}, \ \text{B} : \frac{569}{10000}$$

$$\therefore \text{A} > \text{B}$$

19 ②

6m/s는 21.6km/h이므로 A 〈 B이다.

20 ①

A : 20개, B : 12개

$\therefore$ A > B

구분	정사면체	정육면체	정팔면체	정십이면체	정이십면체
면	4	6	8	12	20
꼭짓점	4	8	6	20	12
모서리	6	12	12	30	30

21 ④

$2a - 3b < 7$

$A - B = 2a - 3b + 7 < 14$

$\therefore$ A와 B의 대소를 비교할 수 없다.

22 ①

$$A = \frac{23}{5} = \frac{92}{20}, B = \frac{17}{4} = \frac{85}{20}$$

$$\therefore A > B$$

23 ③

$$\frac{6}{15} = \frac{2}{5} = 0.4$$

$$\therefore A = B$$

24 ①

A : $(-2)^2 = 4$ B : $4^{\frac{1}{2}} = \sqrt{4} = 2$

$$\therefore A > B$$

25 ②

A : $480 = 2^5 \times 3 \times 5$, $360 = 2^3 \times 3^2 \times 5$ 이므로
이 둘의 최대공약수는 $2^3 \times 3 \times 5 = 120$
B : $48 = 2^4 \times 3$, $64 = 2^6$ 이므로 이 둘의 최소공배수는 $2^6 \times 3 = 192$

$$\therefore A < B$$

26 ②

- 정육면체 B의 높이를 x라 하면,
  $22 \times x = 110$, $\therefore$ $x = 5$cm
- 정육면체의 높이가 B와 같으므로 부피를 구하면,
  $21 \times 4 \times 5 = 420$㎤

27 ②

$A^3 = 125$, $A = 5$
정육면체의 겉넓이는 $6A^2$이므로,
$B = 6 \times 25 = 150$

$$\therefore \frac{A}{B} = \frac{5}{150} = \frac{1}{30}$$

28 ④

- A나무는 7m마다 심었으므로 71그루, B나무는 9m마다 심었으므로 55그루를 심었다.
- 새로 심은 C나무 수를 x라 하면, $2(x + 71 + 55) = 342$, $\therefore$ $x = 45$그루
- C나무의 간격을 y라 하면, $y = 500 \div 45$, $\therefore$ $y = 11$m

29 ③

- 첫 번째로 흰 종이를 뽑을 확률 $= \dfrac{6}{9}$
- 두 번째로 검은 종이를 뽑을 확률 $= \dfrac{3}{8}$

$$\therefore \frac{6}{9} \times \frac{3}{8} = \frac{1}{4}$$

30 ④

40cm의 양초가 1분에 $x$cm씩 짧아진다고 하면,
$30 - (0.2 \times 25) = 40 - 25x$

$$\therefore x = 0.6\text{cm}$$

31 ③

연속한 세 자연수를 $x - 1$, x, $x + 1$ 이라고 할 때, $2x - 2 + x + x + 1 = 51$ 이므로 $x = 13$ 이다. 연속하는 세 숫자 중 가장 큰 숫자는 $13 + 1 = 14$이다.

32 ④

햄버거 수 : x, 핫도그 수 : $3x$
$(x \times 3000) + (3x \times 1500) = 30,000$
$3000x + 4500x = 30,000$
$x = 4$

33 ③

$600cm = 60m, 500cm = 5m$이므로 $6 \times 5 = 30m^2$
이다.

34 ①

$x =$ 집과 공원 사이의 거리 , 시간 = $\dfrac{\text{거리}}{\text{속력}}$

걸어서 간 시간이 전기 자전거를 타고 간 시간보
다 길기 때문에

$\dfrac{x}{4}$(걸어서 간 시간) $-\dfrac{x}{20}$(전기자전거를 타고 간

시간) $= 1$

$\therefore \dfrac{4x}{20} = 1 , x = 5$

35 ②

$_5C_2 = \dfrac{5!}{2! \times (5-2)!} = \dfrac{5 \times 4 \times 3 \times 2 \times 1}{2 \times 1 \times 3 \times 2 \times 1}$

$\qquad = 10$(가지)

36 ①

- 할인 전 총 요금 계산
  성인 요금 : $40,000 \times 18 = 720,000$원
  어린이 요금 : $20,000 \times 7 = 140,000$원
  총 요금 : $720,000 + 140,000 = 860,000$원
- 단체 할인 적용
  할인 금액 : $860,000 \times 0.10 = 86,000$
  할인 후 총 요금 : $860,000 - 86,000 = 774,000$원

37 ②

실험결과에 따르면 민주가 여자를 여자로 본 사
람이 49명 중에 34명, 남자를 남자로 본 사람이
51명 중에 35명이므로 100명중에 69명의 성별을
정확히 구분했다.

$\therefore \dfrac{34 + 35}{100} \times 100 = 69(\%)$

38 ③

수정이는 오전 7시 43분에 G역에 도착했으므로,
열차번호가 '가1972'인 임시 급행열차를 타면 된
다. 임시 급행열차를 타고 H역에서 내리면 오전
7시 54분이다. 그 후 최대한 빠른 하행 Q역 셔
틀을 탑승할 예정이라고 했으므로 H역에서 오전
9시 10분에 출발하는 열차번호 '가7009' 셔틀을
타는 것이 가장 적절한 선택이다.

39 ④

열차번호	변경 전 출발시간	증감	변경 후 출발시간
가7006	Q역 08:35	−29분	Q역 08:06
가7012	Q역 11:05	+12분	Q역 11:17
가7016	Q역 13:00	−9분	Q역 12:51
가7024	Q역 16:36	−6분	Q역 16:30

따라서 출발시간의 변경 증감이 가장 큰 상행 Q
역 셔틀은 '가7006'이다.

40 ③

2030년 가용간호사의 수는 317,996명, 2030년 전
체 취업간호사의 수는 162,461명으로 $317,996 +$
$162,461 = 480,457$명이 된다. 이는 2025년 면허등
록 간호사의 수 460,641보다 많다.

01	02	03	04	05
①	④	③	①	④
06	07	08	09	10
③	④	②	②	①
11	12	13	14	15
①	③	②	①	④
16	17	18	19	20
③	④	②	④	①
21	22	23	24	25
④	④	②	④	①
26	27	28	29	30
②	①	③	④	④
31	32	33	34	35
③	④	①	④	④
36	37	38	39	40
③	①	②	④	①

01 ①

처음 수부터 +1, +2, +3, +4, …의 규칙을 따르고 있다.
따라서 빈칸에 들어갈 수는 22+6=28

02 ④

처음 수부터 $3^1, 3^2, 3^3$ …으로 더해 나간다.
따라서 빈칸에 들어갈 수는 $40+3^4=121$이다.

03 ③

첫 항을 $\dfrac{A}{B}$, 다음 항을 $\dfrac{C}{D}$ 라고 할 때,
$\dfrac{C}{D}=\dfrac{B+7}{A+3}$의 규칙으로 전개되고 있다.
$\therefore \dfrac{18+7}{23+3}=\dfrac{25}{26}$

04 ①

첫 항을 $\dfrac{A}{B}$, 다음 항을 $\dfrac{C}{D}$라고 할 때,
$\dfrac{C}{D}=\dfrac{B+A}{A}$ 의 규칙으로 전개되고 있다.
$\therefore \dfrac{2+5}{5}=\dfrac{7}{5}$

05 ④

4의 순차적인 곱셈만큼 증가하게 되는데 +4, +8, +12, +16의 규칙이므로 그 다음의 수는 43에 20을 더한 63이다.

06 ③

첫 항을 $\dfrac{A}{B}$, 다음 항을 $\dfrac{C}{D}$라고 할 때,
$\dfrac{C}{D}=\dfrac{B}{B+A}$ 의 규칙으로 전개되고 있다.
$\therefore \dfrac{17}{17+12}=\dfrac{17}{29}$

07 ④

첫 항을 $\dfrac{A}{B}$, 다음 항을 $\dfrac{C}{D}$라고 할 때,
$\dfrac{C}{D}=\dfrac{A\times B}{A+B}$ 의 규칙으로 전개되고 있다.
$\therefore \dfrac{6\times5}{6+5}=\dfrac{30}{11}$

08 ②

첫 항을 $\dfrac{A}{B}$, 다음 항을 $\dfrac{C}{D}$라고 할 때,

$\dfrac{C}{D} = \dfrac{B+11}{A-1}$ 의 규칙으로 전개되고 있다.

$\therefore \dfrac{12+11}{25-1} = \dfrac{23}{24}$

09 ②

첫 항을 $\dfrac{A}{B}$, 다음 항을 $\dfrac{C}{D}$라고 할 때,

$\dfrac{C}{D} = \dfrac{B-A}{A \times B}$ 의 규칙으로 전개되고 있다.

$\therefore \dfrac{6-5}{5 \times 6} = \dfrac{1}{30}$

10 ①

첫 항을 $\dfrac{A}{B}$, 다음 항을 $\dfrac{C}{D}$라고 할 때,

$\dfrac{C}{D} = \dfrac{(A+B)+1}{A+B}$ 의 규칙으로 전개되고 있다.

$\therefore \dfrac{18+17+1}{18+17} = \dfrac{36}{35}$

11 ①

한글 자음을 순서대로 숫자에 대입하면 다음 표와 같다.

ㄱ	ㄴ	ㄷ	ㄹ	ㅁ	ㅂ	ㅅ	ㅇ	ㅈ	ㅊ	ㅋ	ㅌ	ㅍ	ㅎ
1	2	3	4	5	6	7	8	9	10	11	12	13	14

짝수 번째 한글 자음이 순서대로 나열되고 있으므로 빈칸에 들어갈 문자는 'ㅊ'이다.

12 ③

알파벳을 순서대로 숫자에 대입하면 다음 표와 같다.

A	B	C	D	E	F	G	H	I	J	K	L	M
1	2	3	4	5	6	7	8	9	10	11	12	13
N	O	P	Q	R	S	T	U	V	W	X	Y	Z
14	15	16	17	18	19	20	21	22	23	24	25	26

3의 배수인 숫자들에 대입된 알파벳들이 차례로 나열되고 있다. 빈칸에 들어갈 문자는 U(21)이다.

13 ②

한글 자음과 알파벳을 순서대로 숫자에 대입하면 다음 표와 같다.

ㄱ	ㄴ	ㄷ	ㄹ	ㅁ	ㅂ	ㅅ	ㅇ	ㅈ	ㅊ	ㅋ	ㅌ	ㅍ	ㅎ
1	2	3	4	5	6	7	8	9	10	11	12	13	14

A	B	C	D	E	F	G	H	I	J	K	L	M
1	2	3	4	5	6	7	8	9	10	11	12	13
N	O	P	Q	R	S	T	U	V	W	X	Y	Z
14	15	16	17	18	19	20	21	22	23	24	25	26

4의 배수 자리에 있는 한글 자음과 알파벳이 번갈아가며 순서대로 나열되고 있다. 빈칸에 들어갈 문자는 한글 자음 'ㅌ(12)'이다.

14 ①

알파벳을 순서대로 숫자에 대입하면 다음 표와 같다.

A	B	C	D	E	F	G	H	I	J	K	L	M
1	2	3	4	5	6	7	8	9	10	11	12	13
N	O	P	Q	R	S	T	U	V	W	X	Y	Z
14	15	16	17	18	19	20	21	22	23	24	25	26

분자는 $+2$씩 증가하며 분모는 $+3$씩 증가하므로 빈칸에 들어갈 문자는 $\dfrac{G}{K}\left(\dfrac{7}{11}\right)$이다.

15 ④

알파벳과 한글 자음을 순서대로 숫자에 대입하면 다음 표와 같다.

A	B	C	D	E	F	G	H	I	J	K	L	M
1	2	3	4	5	6	7	8	9	10	11	12	13
N	O	P	Q	R	S	T	U	V	W	X	Y	Z
14	15	16	17	18	19	20	21	22	23	24	25	26

ㄱ	ㄴ	ㄷ	ㄹ	ㅁ	ㅂ	ㅅ	ㅇ	ㅈ	ㅊ	ㅋ	ㅌ	ㅍ	ㅎ
1	2	3	4	5	6	7	8	9	10	11	12	13	14

분자는 알파벳 – 한글 – 알파벳 – 한글 순이며 – 1씩 감소하고 있고 분모는 한글 – 알파벳 –한글 – 알파벳 순이며 + 1씩 증가하고 있으므로 빈칸에 들어갈 문자는 $\dfrac{ㅋ}{F}\left(\dfrac{11}{6}\right)$이다.

16 ③

규칙성을 찾으면 첫 번째 숫자+두 번째 숫자+두 번째 숫자=마지막 숫자가 된다.
따라서 13+24+24=61
∴( )안에 들어갈 숫자는 61이다.

17 ④

규칙성을 찾으면 (첫 번째 숫자×두 번째 숫자)+3=마지막 숫자가 된다.
따라서 7×9+3=66
∴( )안에 들어갈 숫자는 66이다.

18 ②

규칙성을 찾으면 (첫 번째 숫자-두 번째 숫자)×7=마지막 숫자가 된다.
따라서 (10-6)×7=28
∴( )안에 들어갈 숫자는 28이다.

19 ④

첫째 수를 둘째 수로 거듭제곱하여 1을 뺀 값이 셋째 수가 된다.
$2^3 - 1 = 7, 3^4 - 1 = 80$
$\therefore 4^2 - 1 = 15$

20 ①

첫째 수를 둘째 수로 거듭제곱한 것이 분모가 되며 첫째 수와 둘째 수를 더한 값이 분자가 된다.
$\dfrac{3+2}{3^2} = \dfrac{5}{9},\ \dfrac{4+3}{4^3} = \dfrac{7}{64}$
$\therefore \dfrac{5+2}{5^2} = \dfrac{7}{25}$

21 ④

기호의 규칙을 찾으면 두 수를 더한 값이 분모로 가고 연산기호에서 두 번째 있는 숫자가 분자로 간다.
5*2를 풀이해보면, 5+2=7이고 연산기호에서 두 번째 있는 숫자는 2이므로 $\dfrac{2}{7}$이다.

22 ④

기호의 규칙을 찾으면 두 수를 곱한 값에 2를 더하면 된다.
9◇5를 풀이해보면, 9×5+2=47이다.

23 ②

기호의 규칙을 찾으면 23▲62의 경우 $2^3 + 6^2 = 44$가 된다.

따라서 42▲92는 $4^2 + 9^2$이므로 빈칸에 들어갈 수는 97이다.

24 ④

알파벳, 한글 자음, 천간, 무지개 색깔을 순서대로 숫자에 대입하면 다음 표와 같다.

A	B	C	D	E	F	G	H	I	J	K	L	M
1	2	3	4	5	6	7	8	9	10	11	12	13
N	O	P	Q	R	S	T	U	V	W	X	Y	Z
14	15	16	17	18	19	20	21	22	23	24	25	26

ㄱ	ㄴ	ㄷ	ㄹ	ㅁ	ㅂ	ㅅ	ㅇ	ㅈ	ㅊ	ㅋ	ㅌ	ㅍ	ㅎ
1	2	3	4	5	6	7	8	9	10	11	12	13	14

갑	을	병	정	무	기	경	신	임	계
1	2	3	4	5	6	7	8	9	10

빨	주	노	초	파	남	보
1	2	3	4	5	6	7

①②③의 경우 1436의 숫자와 일치하며 ④의 경우만 1234의 숫자와 일치한다.

25 ①

알파벳의 순서대로 숫자에 대입하면 다음 표와 같다.

A	B	C	D	E	F	G	H	I	J	K	L	M
1	2	3	4	5	6	7	8	9	10	11	12	13
N	O	P	Q	R	S	T	U	V	W	X	Y	Z
14	15	16	17	18	19	20	21	22	23	24	25	26

②③④의 경우 2씩 차이나고 ①의 경우 5씩 차이난다.

26 ②

숫자는 1씩 증가한다. 알파벳과 한글자음을 순서대로 숫자에 대입할 때 알파벳은 2씩 증가하고 한글자음은 3씩 증가한다.

A	B	C	D	E	F	G	H	I	J	K	L	M
1	2	3	4	5	6	7	8	9	10	11	12	13
N	O	P	Q	R	S	T	U	V	W	X	Y	Z
14	15	16	17	18	19	20	21	22	23	24	25	26

ㄱ	ㄴ	ㄷ	ㄹ	ㅁ	ㅂ	ㅅ	ㅇ	ㅈ	ㅊ	ㅋ	ㅌ	ㅍ	ㅎ
1	2	3	4	5	6	7	8	9	10	11	12	13	14

27 ①

도형이 시계 반대 방향으로 움직이고 있다.

28 ③

도형 안의 별 모양의 기호는 고정되어 있으며 나머지 기호들이 반시계 방향으로 이동한다.

29 ④

처음에 제시된 기호 중 하나만 제시된 것이 다음 순서에서 세 개로 변하고 있으며 하나만 제시된 기호의 위치는 시계 방향으로 움직인다.

30 ④

1열에서 원에 있는 선분의 개수에서 2열의 원에 있는 선분의 수를 더한 것이 3열에서 선분의 수가 된다.

31 ③

$F = ma = 10 \times 2 = 20(\mathrm{N})$

32 ④

전류의 열작용

㉠ 니크롬선과 같은 저항체에 전류가 흘러 열이 발생하는 작용으로 전기 에너지가 열에너지로 변한다.

㉡ 종류 : 전기밥솥, 전기장판, 전기다리미, 전기난로, 스팀청소기 등

33 ①

중력 … 물체에 작용하는 지구의 인력으로 무게라고도 한다.

34 ④

㈎는 고정 도르래이며, ㈏는 움직도르래 1개와 고정도르래 1개로 이루어져 있으므로

㈎ : 당긴 힘(80N), 당긴 줄의 길이(2m), 한 일의 양(80 × 2 = 160J)

㈏ : 당긴 힘($80 \times \frac{1}{2} = 40\mathrm{N}$), 당긴 줄의 길이(2 × 2 = 4m), 한 일의 양(40 × 4 = 160J)

35 ④

에너지효율 $= \dfrac{\text{전환된 에너지}}{\text{공급된 에너지}} \times 100$이므로

$\dfrac{40\mathrm{J}}{x} = 0.2$ $\therefore x = \dfrac{40}{0.2} = 200\mathrm{J}$

36 ③

① 작용 · 반작용의 원리
② 지레의 원리
③ 관성의 원리
④ 탄성력과 작용 · 반작용의 원리

37 ①

$\mathrm{R}(저항) = \dfrac{V(전압)}{I(전류의\ 세기)}$, 800mA = 0.8A

$\therefore R = \dfrac{220\,V}{0.8A} = 275\Omega$

38 ②

전구가 모두 하나로 같을 때 전압이 클수록 전력이 커져 밝아지므로 가장 밝은 회로는 직렬로 전지가 많이 연결된 B이며, 가장 오래 켤 수 있는 회로는 병렬로 전지가 많이 연결된 D이다.

39 ④

$V(전압) = \mathrm{R}(저항) \times \mathrm{I}(전류의\ 세기)$, 200mA = 0.2mA

$\therefore 40\,\Omega \times 0.2\,mA = 8\,V$이다.

40 ①

병렬 연결에서의 합성저항은

$\dfrac{R_1 \times R_2}{R_1 + R_2} = \dfrac{200}{30} = \dfrac{20}{3}$

전체전류(I) $= \dfrac{\text{전체전압}(V)}{\text{합성저항}(R)} = \dfrac{220\,V}{\dfrac{20}{3}\,\Omega} = 33\mathrm{A}$

01	02	03	04	05
①	①	②	②	①
06	07	08	09	10
②	①	①	②	②
11	12	13	14	15
③	④	②	①	①
16	17	18	19	20
③	④	④	②	④
21	22	23	24	25
②	①	④	③	③
26	27	28	29	30
④	①	④	②	①
31	32	33	34	35
①	①	②	②	③
36	37	38	39	40
④	③	③	④	②

01 ①

주어진 두 문자의 배열이 같다.

02 ①

주어진 두 문자의 배열이 같다.

03 ②

555555055550505   550555055550500

04 ②

WGHERHDVBFH   WGHERHRVBCH

05 ①

주어진 두 문자의 배열이 같다.

06 ②

あはほおけすいえ   あはがおけすいえ

07 ①

주어진 두 문자의 배열이 같다.

08 ①

주어진 두 문자의 배열이 같다.

09 ②

신책구천문묘산궁지리
신책구천문묘산웅지리

10 ②

전승공기고지족원운지7
전승공지고지족원군지

11 ③

★●◎◆▲△■◖◗   ★●◎◆△△■◖◉

12 ④

오☏늘도 좋☆은 하♪루 보내세요
오☏늘만 좋☆은 하♬루 보내셔요

13 ②

Look back at your past
Look back at your pest

14 ①

주어진 두 문자의 배열이 같다.

15 ①

주어진 두 문자의 배열이 같다.

16 ③

☰☷☲☵☶ ☰☷☲☵☰

17 ④

≫≪≥≫≪≪≫≪ ≫≪≤≫≪≪≫≪

18 ④

Turn in your paper Turn in your papor

19 ②

① 9909909090900 – 9909999090909
②의 경우 두 문자의 배열이 같다.
③ 갸쟈아다댜푸지야충투 – 갸자아다댜포지야충퉁
④ 家娜茶螺馬事牙自 – 家工茶螺馬事句自

20 ④

④ 700000707070 – 700000777000

21 ②

바닥면부터 블록의 개수를 세어 보면, 10 + 5 + 1 = 16개이다.

22 ①

바닥면부터 블록의 개수를 세어 보면, 8 + 3 + 2 = 13개이다.

23 ④

바닥면부터 블록의 개수를 세어 보면, 13 + 5 + 1 = 19개이다.

24 ③

바닥면부터 블록의 개수를 세어 보면, 11 + 5 + 2 = 18개이다.

25 ③

바닥면부터 블록의 개수를 세어 보면, 11 + 3 + 1 = 15개이다.

26 ④

3×3×3 정육면체(블록 27개)를 만들 수 있다. 주어진 블록이 총 10개이므로 필요한 블록은 17개이다.

27 ①

3 × 3 × 3 정육면체(블록 27개)를 만들 수 있다. 주어진 블록은 13개이므로 14개의 블록이 더 필요하다.

28 ④

2 × 2 × 2 정육면체(블록 8개)를 만들 수 있다. 주어진 블록은 4개이므로 4개의 블록이 더 필요하다.

29 ②

4 × 4 × 4 정육면체(블록 64개)를 만들 수 있다. 주어진 블록은 21개이므로 43개의 블록이 더 필요하다.

30 ①

3×3×3 정육면체(블록 27개)를 만들 수 있다. 주어진 블록이 총 11개이므로 필요한 블록은 16개이다.

31 ①

밖으로 노출된 면이 1면인 블록을 찾아야 한다. 맨 아래층 블록부터 순서대로 다음과 같은 개수의 면이 밖으로 노출되어 페인트가 칠해진다.

32 ①

밖으로 노출된 면이 1면인 블록을 찾아야 한다. 맨 아래층 블록부터 순서대로 다음과 같은 개수의 면이 밖으로 노출되어 페인트가 칠해진다.

2	3	2		3		5		5
3		3		4				
	4	3	,					

33 ②

밖으로 노출된 면이 1면인 블록을 찾아야 한다. 맨 아래층 블록부터 순서대로 다음과 같은 개수의 면이 밖으로 노출되어 페인트가 칠해진다.

3	1	3			4			
1	0	1		4	0	4		
3	1	3	,		4	,		5

34 ②

①의 경우 색칠된 부분이 다르며, ③, ④의 경우 도형안의 기호가 일치하지 않는다.

35 ③

②의 경우 색칠된 부분이 다르며, ①, ④의 경우 직사각형 안의 도형이 다르다.

36 ④

①의 경우 곡선의 위치가 반대이며, ②의 경우 ●와 ■의 위치가 다르며, ③의 경우 타원 안의 기호가 다르다.

37 ③

새의 모양을 기준으로 연결한다.

38 ③

버스의 모양을 기준으로 연결한다.

39 ④

종이비행기의 모양을 기준으로 연결한다.

40 ②

달의 모양을 기준으로 연결한다.

제3회 정답 및 해설

✅ 수리능력

01	02	03	04	05
③	①	④	②	④
06	07	08	09	10
②	③	④	①	②
11	12	13	14	15
①	③	④	④	③
16	17	18	19	20
②	①	①	②	①
21	22	23	24	25
③	②	①	①	③
26	27	28	29	30
②	③	①	④	④
31	32	33	34	35
②	②	②	②	①
36	37	38	39	40
①	④	④	②	①

01 ③

③ $498+78-60.1=515.9$

02 ①

① $0.63 \times 4.8 \times 7.88 = 23.82912$

03 ④

④ $7+81 \div 3 \times 12 = 331$

04 ②

② $8^3 - 6^2 + 3^4 = 557$

05 ④

④ $\sqrt{8} \times \sqrt{6} \times \sqrt{7} = 4\sqrt{21}$

06 ②

② $\dfrac{3}{8} \times \dfrac{4}{17} \times 6 = \dfrac{9}{17}$

07 ③

③ $6.486 \div 1.2 \div 5 = 1.081$

08 ④

④ $1581 \times 35 \times 22 = 1217370$

09 ①

① $77 + 888 + 9999 = 10964$

10 ②

  ② $248 - 378 - 468 = -598$

11 ①

$36 \times (5) - 53 = 127$

12 ③

$35 \times 8 - (118) = 162$

13 ④

$19 \times (32) + 16 = 624$

14 ④

$26 \times 35 \, (\div) \, 5 = 182$

15 ③

$72 - (25) \times 2 + 3.5 = 25.5$

16 ②

$A : \dfrac{4}{7} = \dfrac{4000}{7000}$

$B : 0.789 = \dfrac{5523}{7000}$

$\therefore A < B$

17 ①

$A : \dfrac{3}{4} = \dfrac{15}{20}$

$B : \dfrac{2}{5} = \dfrac{8}{20}$

$\therefore A > B$

18 ①

$A : \dfrac{4}{11} = 0.3636\cdots$

$B : 0.347$

$\therefore A > B$

19 ②

$A - B = 4a + 5b + 5 - (3a + 3b + 10) = a + 2b - 5$
              $= 4 - 5 = -1 < 0$

$\therefore A < B$

20 ①

$A :$
$5^2 < 29 < 6^2 \Rightarrow 5 < \sqrt{29} < 6 \Rightarrow 4 < \sqrt{29} - 1 < 5$
$B : 3^3 < 60 < 4^3 \Rightarrow 3 < \sqrt[3]{60} < 4$
$\therefore A > B$

21 ③

$A : (1,\ 1,\ 1,\ 2),\ (1,\ 1,\ 2,\ 1),\ (1,\ 2,\ 1,\ 1),$
    $(2,\ 1,\ 1,\ 1)$ 4가지
$B : (6,\ 6,\ 6,\ 5),\ (6,\ 6,\ 5,\ 6),\ (6,\ 5,\ 6,\ 6),$
    $(5,\ 6,\ 6,\ 6)$ 4가지
$\therefore A = B$

22 ②

$A : 585 = 3^2 \times 5 \times 13, \quad 208 = 2^4 \times 13$이므로 두 수의 최대공약수는 13이다.

$B : 154 = 2 \times 7 \times 11, \quad 66 = 2 \times 3 \times 11$이므로 두 수의 최대공약수는 22이다.

$\therefore A < B$

23 ①

$$30m/s \times \frac{3600s/h}{1000m/km} = 108km/h$$

$\therefore A > B$

24 ①

$A : 12 + 6 = 18$

$\therefore A > B$

25 ③

$A :$ 반지름이 6인 원의 넓이는 $\pi r^2 = 6^2 \pi = 36\pi$

$B :$ 반지름이 3인 구의 부피는

$$\frac{4}{3}\pi r^3 = \frac{4}{3} \times 3^3 \pi = 36\pi$$

$\therefore A = B$

26 ②

현재 남자 직원의 수를 x라 하면,

$500 \times 1.03 + x = 760, \quad x = 245$명

작년 남자 직원의 수는 230명이다. 현재 남자 직원의 수는 작년에 비해 15명이 늘었으므로

$\frac{15}{230} \times 100 \fallingdotseq 6.5\%$, 따라서 남자 직원은 작년에 비해 약 6.5% 증가하였다.

27 ③

상수가 처음 예금한 금액을 x라 하면

$x + 2,000 \times 20 = 2(5,000 + 800 \times 20)$

$\therefore x = 2,000$원

28 ①

지우개의 가격을 x, 연필의 가격을 y라 하면

$\begin{cases} 5x + 8y = 6,700 \\ 2x + 11y = 5,800 \end{cases}$ 이므로 두 식을 연립하면,

$x = 700, y = 400$이 된다.

10,000원으로 최대 많은 수의 지우개를 구매한다면 $10,000 \div 700 = 14$개가 된다.

이때 금액은 $700 \times 14 = 9,800$이므로 남은 200원으로 연필을 구매해야하는데 연필 한 개의 금액보다 적으므로 연필은 구매할 수 없다.

29 ④

서울역에서 승차권 예매를 한 20분의 시간을 제외하면 걸은 시간은 총 36분이 된다.

갈 때 걸린 시간을 x분이라고 하면 올 때 걸린 시간은 $36 - x$분

갈 때와 올 때의 거리는 같으므로

$70 \times x = 50 \times (36 - x)$

$120x = 1,800 \rightarrow x = 15$분

사무실에서 서울역까지의 거리는

$70 \times 15 = 1,050m$

왕복거리를 구해야 하므로 $1,050 \times 2 = 2,100m$가 된다.

30 ④

평균 = $\dfrac{\text{자료 값의 합}}{\text{자료의 수}}$ 이므로

$A = \dfrac{x}{20} = 70 \to x = 1{,}400$

$B = \dfrac{y}{30} = 80 \to y = 2{,}400$

$C = \dfrac{z}{50} = 60 \to z = 3{,}000$

세 반의 평균은 $\dfrac{1{,}400 + 2{,}400 + 3{,}000}{20 + 30 + 50} = 68$점

31 ②

열차의 속력 x, 다리의 길이 y

$60x = 300 + y$

$2 \times 27x = 150 + y$

$\therefore y = 1{,}200(m)$

32 ②

㉠ 7명의 사람이 의자에 일렬로 앉을 수 있는 경우의 수 : 7!

㉡ 서울 사람이 양쪽 끝의 의자에 앉는 경우 : $5! \times 2$

㉢ 대전 사람이 양쪽 끝의 의자에 앉는 경우 : $5! \times 2$

$\therefore \dfrac{㉡ + ㉢}{㉠} = \dfrac{5! \times 2 \times 2}{7!} = \dfrac{2}{21}$

33 ②

승호의 나이를 x, 엄마의 나이를 y라 할 때,

$x + x - 2 = \dfrac{2}{3}y$, 정리하면 $3x - y = 3 \cdots ㉠$

$(x + 11) + (x - 2 + 11) = y + 11$,

정리하면 $2x - y = -9 \cdots ㉡$

㉠ - ㉡하면, $x = 12$, $y = 33$이므로 승호의 나이는 12세, 동생의 나이는 10세, 엄마의 나이는 33세이다.

∴ 동생과 엄마의 나이의 합은 43이다.

34 ②

실제시간보다 시간당 4분이 빠른데 6시간 30분이 지났으므로 $6 \times 4 + 2 = 26$분이 더 빠르다. 그러므로 실제시간은 6시 4분이다.

35 ①

벤다이어그램을 통해 구할 수 있으며

$n(A \cap B) = n(A) + n(B) - n(A \cup B)$
$\qquad\qquad = 35 + 25 - 20 = 35$

총 학생이 40명이므로 A반에서 딸기와 사과 모두 좋아하지 않는 학생은 5명 임을 알 수 있다.

36 ①

① 전체 인구수는 전년보다 동일하거나 감소하지 않고 매년 꾸준히 증가한 것을 알 수 있다.

② 2014년과 2015년에는 전년보다 감소하였다.

③ 2014년 이후부터는 5% 미만 수준을 계속 유지하고 있다.

④ 증가나 감소가 아닌 변화 전체를 묻고 있으므로 2011년(+351명), 2012년(+318명), 그리고 2014년(-315명)이 된다.

37 ④

④ 3일의 시청률은 15%로 1일의 시청률 5%보다 3배 증가하였다.

① A 드라마는 시청률이 증가, 감소를 반복하고 있다.

② 9일 이후 A드라마의 시청률은 증가, 감소를 반복하고 있다.

③ A 드라마는 11일에 최고 시청률을 기록하였다.

38 ④

㉠ 모든 공공시설의 수가 나머지 도시들의 수보다 적은 도시는 C 도시이고, 2021년에 C도시의 공공청사의 수가 D 도시보다 많아졌으므로 C 도시는 병, D 도시는 을이다.

㉡ 을(D 도시)을 제외하고 2020년 대비 2021년 공공시설 수의 증가는 A 5개, B 11개, C(병) 5개이다. A의 공공시설의 수가 월등히 많은데 비해 증가 수는 많이 않으므로 증가율이 가장 작은 도시인 정은 A 도시이다.

㉢ 2020년과 2021년의 공공시설 수가 같은 도시는 B 도시이다.

∴ A : 정, B : 갑, C : 병, D : 을

39 ②

$$\frac{\text{초졸} + \text{중졸수}}{\text{여성수}} = \frac{10 + 25}{90} = \frac{35}{90} = \frac{7}{18}$$

40 ①

A, B, C의 장소를 각각 1대의 차량으로 방문할 시의 수송거리는 $(10+13+12) \times 2 = 70km$, 하나의 차량으로 3곳 수요지를 방문하고 차고지로 되돌아오는 경우의 수송거리 $10+5+7+12=34km$, 그러므로 $70-34=36km$가 된다.

✓ 추리능력

01	02	03	04	05
③	①	④	②	③
06	07	08	09	10
②	③	④	①	②
11	12	13	14	15
③	②	①	①	②
16	17	18	19	20
②	①	②	②	①
21	22	23	24	25
②	③	①	④	①
26	27	28	29	30
④	③	③	③	④
31	32	33	34	35
①	③	④	①	③
36	37	38	39	40
②	②	④	③	③

01 ③

첫 항을 $\frac{A}{B}$, 다음 항을 $\frac{C}{D}$라고 할 때, $\frac{C}{D} = \frac{B \times 2}{A + 3}$의 규칙으로 전개되고 있다.

02 ①

첫 항을 $\frac{A}{B}$, 다음 항을 $\frac{C}{D}$라고 할 때, $\frac{C}{D} = \frac{A + 1}{B - 1}$의 규칙으로 전개되고 있다.

03 ④

첫 항을 $\frac{A}{B}$, 다음 항을 $\frac{C}{D}$라고 할 때, $\frac{C}{D} = \frac{B + 3}{A + 1}$의 규칙으로 전개되고 있다.

04 ②

첫 항을 $\dfrac{A}{B}$, 다음 항을 $\dfrac{C}{D}$라고 할 때,

$\dfrac{C}{D} = \dfrac{B+4}{A \times 3}$ 의 규칙으로 전개되고 있다.

05 ③

첫 항을 $\dfrac{A}{B}$, 다음 항을 $\dfrac{C}{D}$라고 할 때,

$\dfrac{C}{D} = \dfrac{A+B}{A \times B}$ 의 규칙으로 전개되고 있다.

06 ②

첫 항을 $\dfrac{A}{B}$, 다음 항을 $\dfrac{C}{D}$라고 할 때,

$\dfrac{C}{D} = \dfrac{B+A}{A}$ 의 규칙으로 전개되고 있다.

07 ③

첫 항을 $\dfrac{A}{B}$, 다음 항을 $\dfrac{C}{D}$라고 할 때,

$\dfrac{C}{D} = \dfrac{A+B}{(A+B)-2}$ 의 규칙으로 전개되고 있다.

08 ④

첫 항을 $\dfrac{A}{B}$, 다음 항을 $\dfrac{C}{D}$라고 할 때,

$\dfrac{C}{D} = \dfrac{A+11}{B-1}$ 의 규칙으로 전개되고 있다.

09 ①

첫 항을 $\dfrac{A}{B}$, 다음 항을 $\dfrac{C}{D}$라고 할 때,

$\dfrac{C}{D} = \dfrac{B-A}{A \times B}$ 의 규칙으로 전개되고 있다.

10 ②

첫 항을 $\dfrac{A}{B}$, 다음 항을 $\dfrac{C}{D}$라고 할 때,

$\dfrac{C}{D} = \dfrac{B-A}{A+B}$ 의 규칙으로 전개되고 있다.

11 ③

알파벳을 순서대로 숫자에 대입하면 다음 표와 같다.

A	B	C	D	E	F	G	H	I	J	K	L	M
1	2	3	4	5	6	7	8	9	10	11	12	13
N	O	P	Q	R	S	T	U	V	W	X	Y	Z
14	15	16	17	18	19	20	21	22	23	24	25	26

D(4) - H(8) - L(12) - P(16) - T(20)
4의 배수에 해당하는 알파벳들이 차례로 나열되고 있다. 따라서 빈칸에 들어갈 알파벳은 X(24)이다.

12 ②

C(3) - D(4) - F(6) - I(9) - M(13)
1, 2, 3, 4…씩 증가하는 수열이므로 빈칸에 들어갈 알파벳은 R(18)이다.

13 ①

A(1) – B(2) – C(3) – E(5) – H(8) – M(13)
앞항과 뒷항의 수를 더한 값이 다음 항이 되고 있
다. 따라서 빈칸에 들어갈 알파벳은 U(21)이다.

14 ①

한글 자음을 순서대로 숫자에 대입하면 다음 표
와 같다.

ㄱ	ㄴ	ㄷ	ㄹ	ㅁ	ㅂ	ㅅ	ㅇ	ㅈ	ㅊ	ㅋ	ㅌ	ㅍ	ㅎ
1	2	3	4	5	6	7	8	9	10	11	12	13	14

ㄱ(1) – ㄱ(1) – ㄴ(2) – ㄷ(3) – (?) – ㅈ(9) – ㅇ
(8)
홀수 항은 2씩, 짝수 항은 3씩 곱해지고 있다.
따라서 빈칸에 들어갈 문자는 ㄹ(4)이다.

15 ②

ㄱ(1) – ㅋ(11) – ㄷ(3) – ㅈ(9) – ㅁ(5) – ㅅ(7)
홀수 항은 2씩 증가, 짝수 항은 2씩 감소한다.
따라서 빈칸에 들어갈 문자는 ㅅ(7)이다.

16 ②

첫째 수에서 둘째 수를 곱해준 후 2를 **뺀** 값이
셋째 수가 된다.
$7 \times 6 - 2 = 40$, $8 \times 9 - 2 = 70$
$\therefore 11 \times 6 - 2 = 64$

17 ①

'(첫째 수+둘째 수)+(첫째 수×둘째 수)=셋째 수'
의 규칙을 가지고 있다.
$(6+8)+(6 \times 8) = 62$, $(7+4)+(7 \times 4) = 39$
$\therefore (9+2)+(9 \times 2) = 29$

18 ②

첫 번째 수를 분자로 하고 두 번째 수를 분모로
하는 수와 세 번째 수를 곱한 값이 네
번째 수가 된다.
$\therefore \dfrac{61}{5} \times 10 = 122$가 된다.

19 ②

연산기호 ⊕의 규칙을 찾으면
$2 \oplus 4 = (2 \times 4) - (2 + 4) = 2$,
$8 \oplus 3 = (8 \times 3) - (8 + 3) = 13$,
$6 \oplus 7 = (6 \times 7) - (6 + 7) = 29$이므로
두 수를 곱한 값에서 더한 값을 **빼준** 값이 답이
된다.
$\therefore 3 \oplus 9 = (3 \times 9) - (3 + 9) = 15$, $2 \oplus 15 =$
$(2 \times 15) - (2 + 15) = 13$

20 ①

연산기호 ⊕의 규칙을 찾으면
$5 \oplus 2 = 5^2 + (5 \times 2) = 35$
$2 \oplus 3 = 2^2 + (2 \times 3) = 10$
$8 \oplus 2 = 8^2 + (8 \times 2) = 80$이므로
앞의 수를 제곱한 값과 두 수를 곱한 값을 더해
준 값이 답이 된다.
$\therefore (4 \oplus 3) \oplus 2 = \{4^2 + (4 \times 3)\} \oplus 2$
$= 28 \oplus 2$
$= 28^2 + (28 \times 2) = 840$

21 ②

초성은 자음의 순서대로, 종성은 역순으로 변화하고
있다. ②는 '망밧삽암'이 되어야 나머지와 동일해진다.

22 ③

종성은 초성에 +4가 된다. ③은 ' 납앝 '이 되어야 나머지와 동일해진다.

23 ①

②③④ 숫자로 치환하면 8, 9, 10, 11이 된다.
① 나머지와 같기 위해서는 HIJK가 되어야 한다.
※ 12간지 … 자(쥐), 축(소), 인(호랑이), 묘(토끼), 진(용), 사(뱀), 오(말), 미(양), 신(원숭이), 유(닭), 술(개), 해(돼지)

24 ④

①②③ 예사소리, 된소리, 예사소리, 거센소리가 순서대로 나열되었다.
④ 바빠바파

25 ①

②③④ 각 항의 차가 1, 2, 3이다.
① ABDG가 되어야 나머지와 규칙이 같아진다.

26 ④

사각형, 오각형, 육각형이 반복되고 있으며, 시계 방향으로 칸이 색칠되고 있다.

27 ③

맨 바깥 도형은 삼각형으로 고정되어 있고 그 안에 두 번째 도형은 사각형, 오각형, 원이 반복되고 있으며, 가장 안쪽에 세 번째 도형은 삼각형, 사각형, 오각형이 반복되고 있다.

28 ③

이중선은 시계 방향으로 이동하고 있으며, ◑ 동그라미는 시계 반대 방향으로 이동하고 있다.

29 ③

③ 1열과 2열의 색칠된 부분이 합해져서 3열의 무늬가 된다.

30 ④

1행의 색칠된 조각이 2행에서 $\frac{1}{2}$씩 줄어들고, 2행의 색칠된 조각이 3행에서 $\frac{1}{2}$씩 줄어드는 것을 볼 수 있다.

31 ①

$F = ma$의 공식을 이용하여 질량 m을 구하면
$m = \frac{F}{a} = \frac{10}{10} = 1$

32 ③

작용·반작용 법칙 … 두 물체 사이에서 작용과 반
작용은 크기가 같고 방향이 반대이며 동일 직선
상에서 작용한다.

③ 지구가 연을 끌어당긴다면 연도 지구를 끌어
당긴다.

33 ④

소비한 전력량＝전력 × 시간이므로

$20 \times \dfrac{1}{2} = 10\mathrm{Wh}$

34 ①

물체에 작용하는 힘의 크기가 일정할 때 가속도
의 크기는 물체의 질량에 반비례한다.

35 ③

위치에너지와 운동에너지의 합(역학적 에너지)은
언제나 일정하므로 지표면으로부터 40m 지점에
서의 위치에너지와 지표면에 닿기 직전의 운동에
너지는 같다.

$mgh = \dfrac{1}{2}mv^2$

$2g \times 9.8m/s^2 \times 40m = \dfrac{1}{2} \times 2g \times v^2$

$\therefore v = 28m/s$

36 ②

운동에너지의 운동량이 모두 보존되는 완전탄성
충돌이므로 두개를 들었다 놓으면 다른 두개의
구 만이 움직인다.

37 ②

소리의 세기가 0dB의 10배이면 10dB, 100배이
면 20dB이다.

38 ④

고체의 표면적과 반응속도 … 고체의 표면적이 증
가할수록 반응물질 간의 접촉 면적이 커져서 충
돌횟수가 많아지므로 반응이 빨라진다.

39 ③

③ 빗방울의 낙하 시 공기저항을 무시하면 속도
가 점차 증가하는 등가속도운동을 하나, 실제 빗
방울은 낙하속도에 비례하는 공기마찰력 때문에
지표 가까이에서는 등속운동을 한다.

40 ③

본래 풍선의 개수가 n이라고 하면, 3명의 작업속
도는 비례하므로 F가 작업을 마쳤을 때 B는
(n−30)개, I는(n−40)개를 불었을 것이다. B가
남은 30개를 다 불었을 때 I는 25개(40−15)를
불었다. 이를 비례식으로 나타내면 다음과 같다.
(n−30):(n−40)=30:25, n=90, 따라서 90×3
(명)=270개가 된다.

☑ 지각능력

01	02	03	04	05
①	②	②	①	②
06	07	08	09	10
①	②	①	②	①
11	12	13	14	15
②	②	①	②	②
16	17	18	19	20
②	②	①	①	②
21	22	23	24	25
①	②	③	②	④
26	27	28	29	30
④	③	③	④	②
31	32	33	34	35
③	①	④	③	②
36	37	38	39	40
①	①	③	④	④

01 ①

좌우가 같다.

02 ②

복숭아사과자전거<u>가</u>방자동차부룽 – 복숭아사과자전거<u>공</u>방자동차부룽

03 ②

명절에<u>는</u>맛있는음식<u>이</u>많지<u>요</u> – 명절에<u>만</u>맛있는음식<u>은</u>많지<u>오</u>

04 ①

좌우가 같다.

05 ②

다음보기<u>에</u>서옳지않은것을고르시오 – 다음보기<u>애</u>서옳지않은것을<u>구</u>르시오

06 ①

좌우가 같다.

07 ②

220220<u>2</u>0202022<u>2</u>2 – 220220<u>0</u>0202022<u>0</u>2

08 ①

좌우가 같다.

09 ②

★☆◎연<u>휴</u>는가족과함께※◆◇<u>☎</u> – ★☆◎연<u>호</u>는가족과함께※◆◇<u>☏</u>

10 ①

좌우가 같다.

11 ②

better late th<u>a</u>n never – better late th<u>e</u>n never

12 ②

sdaf<u>s</u>df<u>d</u>fstgr – sdaf<u>a</u>d<u>f</u>gfstgr

13 ①

좌우가 같다.

14 ②

武丙午卯<u>更申</u>乙米 – 武丙午卯<u>申更</u>乙米

15 ②

1111211<u>21</u>122111 – 1111211<u>12</u>122111

16 ②

얄리얄리얄라<u>셩</u> 얄라<u>리</u>얄라 – 얄리얄리얄라<u>셩</u> 얄라<u>라</u>얄라

17 ②

ef<u>w</u>efwfghy<u>u</u> – ef<u>v</u>efwfghy<u>n</u>

18 ①

좌우가 같다.

19 ①

좌우가 같다.

20 ②

Always <u>k</u>eep the <u>f</u>aith – Always <u>h</u>eep the <u>F</u>aith

21 ①

바닥면부터 블록의 개수를 세어 보면, 6 + 3 + 1 = 10개이다.

22 ②

바닥면부터 블록의 개수를 세어 보면, 7 + 4 + 2 = 13개이다.

23 ③

바닥면부터 블록의 개수를 세어 보면, 7 + 5 + 2 = 14개이다.

24 ②

바닥면부터 블록의 개수를 세어 보면, 6 + 4 + 1 = 11개이다.

25 ④

바닥면부터 블록의 개수를 세어 보면, 9 + 5 + 1 = 15개이다.

26 ④

$3 \times 3 \times 3$ 정육면체(블록 27개)를 만들 수 있다. 주어진 블록은 12개이므로 15개의 블록이 더 필요하다.

27 ③

3×3×3 정육면체(블록 27개)를 만들 수 있다. 주어진 블록은 16개이므로 11개의 블록이 더 필요하다.

28 ③

3×3×3 정육면체(블록 27개)를 만들 수 있다. 주어진 블록은 13개이므로 14개의 블록이 더 필요하다.

29 ④

3×3×3 정육면체(블록 27개)를 만들 수 있다. 주어진 블록은 12개이므로 15개의 블록이 더 필요하다.

30 ②

4×4×4 정육면체(블록 64개)를 만들 수 있다. 주어진 블록은 10개이므로 54개의 블록이 더 필요하다.

31 ③

밖으로 노출된 면이 1면인 블록을 찾아야 한다. 맨 아래층 블록부터 순서대로 다음과 같은 개수의 면이 밖으로 노출되어 페인트가 칠해진다(위쪽의 블록 세 개는 모두 4면씩 밖으로 노출되어 있다).

2	1	1	1	2
1	0	0	0	1
1	2	0	2	1
2		3		4
2		4		
4				

2	2	1	2	2
2	2	1	2	2
3		4		4
3				
4				

32 ①

밖으로 노출된 면이 1면인 블록을 찾아야 한다. 맨 아래층 블록부터 순서대로 다음과 같은 개수의 면이 밖으로 노출되어 페인트가 칠해진다.

2	2	2	2
2			2
3			3
3	3	3	3

2	2	2	2
3			3

3	3	3	3
4			4

33 ④

맨 아래 층 블록의 밖으로 노출된 면의 수는 다음과 같다.

2	1	2
1	1	3
3	3	

34 ③

맨 아래 층 블록의 밖으로 노출된 면의 수는 다음과 같다.

3	1	3	
	2	1	4
	3	3	

35 ②

맨 아래 층의 뒤쪽 중간 블록만 밖으로 노출된 면이 1면인 블록이다.

2	1	2
2	2	2
3		4

36 ①

엎드려 있는 사람과 책장의 모양을 기준으로 연결한다.

37 ①

여자아이의 얼굴과 전자레인지의 모양에 유의하여 연결한다.

38 ③

여자가 앉은 의자와 책상의 책, 수도 등의 모양에 유의하여 연결한다.

39 ④

그림의 중심이 되는 자전거와 매트를 중심으로 그림을 연결한다.

40 ④

그림의 중심에 있는 타이어와 여자의 모양에 유의하여 그림을 연결한다.

CHAPTER
04

제4회 정답 및 해설

✓ 수리능력

01	02	03	04	05
③	①	④	②	③
06	07	08	09	10
③	④	④	①	③
11	12	13	14	15
②	④	④	④	④
16	17	18	19	20
①	②	①	①	①
21	22	23	24	25
③	②	②	③	①
26	27	28	29	30
④	②	④	①	④
31	32	33	34	35
②	③	②	④	④
36	37	38	39	40
④	④	④	③	④

01 ③

③ 1323+23+49=1395

02 ①

① 4851−496−52=4303

03 ④

④ $9.63 \times 7 \div 3 = 22.47$

04 ②

② 793+465÷5=886

05 ③

③ $\dfrac{5}{6} + \dfrac{23}{6} + \dfrac{8}{6} = \dfrac{36}{6} = 6$

06 ③

③ $\sqrt{6} \times \sqrt{8} \times \sqrt{15} = 12\sqrt{5}$

07 ④

④ $5^3 \times 2^3 \times 3^3 = 27000$

08 ④

④ $10_{(2)} + 100_{(2)} + 1000_{(2)} = 2 + 4 + 8 = 14$

09 ①

① $10^3 \times 10^{-1} \times 10^{-2} = 10^0 = 1$

10 ③

$(65.18 \times 56.14) - 54.84 = 3659.2052 - 54.84 = 3604.3652$

11 ②

$2730 + (46) = 2776$

12 ④

$64 \div (8) = 8$

13 ④

$37,850 - (\quad) \times 32 = 33,722$

$(\quad) \times 32 = 4,128$

$(\quad) = 129$

14 ④

$15 + 21 \, (\div) \, 7 = 15 + 3 = 18$

15 ④

$\dfrac{7}{4} \div (7) \times 4.8 = 1.2$

16 ①

$A : \dfrac{13 \times 20}{300} = \dfrac{260}{300}$

$B : \dfrac{83 \times 3}{300} = \dfrac{249}{300}$

$\therefore A > B$

17 ②

$A : 144 = 2^4 \times 3^2, \ 256 = 2^8$

$\therefore$ 두 수의 최대공약수는 $2^4 = 16$이다.

$B :$ 8과 28의 최소공배수는 56이다.

$\therefore A < B$

18 ①

초속을 시속으로 바꾸면,

1초는 $\dfrac{1}{3,600}$ 시간이고, 11m는 0.011km이므로

$11\text{m/s} = 39.6\text{km/h}$

$\therefore A > B$

19 ①

$A : 15$

$B : 8 + 6 = 14$

$\therefore A > B$

20 ①

$A = 4$, $B = -8$이므로 $A > B$이다.

21 ③

1m/s는 3.6km/h이다.

$\therefore A = B$

22 ②

$a+21=4b \Rightarrow a-4b=-21$

$A-B=5a-7b-2-(4a-3b+8)$
$\qquad =a-4b-10$
$\qquad =-21-10=-31<0$

$\therefore A<B$

23 ②

$A:43\% = \dfrac{43}{100} = \dfrac{129}{300}$

$B:\dfrac{13}{30} = \dfrac{130}{300}$

$\therefore A<B$

24 ③

$\sqrt{(a-b)^2} = |a-b| = |b-a|$

$\therefore A=B$

25 ①

$A-B=(a^2+b^2)-(a+b)^2$
$\qquad =a^2+b^2-(a^2+2ab+b^2)$
$\qquad =-2ab>0$

$\therefore A>B$

26 ④

영수가 걷는 속도를 x, 성수가 걷는 속도는 y라 하면

㉠ 같은 방향으로 돌 경우 : 영수가 걷는 거리 − 성수가 걷는 거리=공원 둘레 → $x-y=6$

㉡ 반대 방향으로 돌 경우 : 영수가 간 거리+성수가 간 거리=공원 둘레 → $\dfrac{1}{2}x+\dfrac{1}{2}y=6$

→ $x+y=12$

$x=9, \; y=3$

27 ②

참가자의 수를 x라 하면 전체 귤의 수는 $5x+3$, 6개씩 나누어 주면 1명만 4개보다 적게 되므로

$(5x+3)-\{6\times(x-1)\}<4$

$-x<-5$

$x>5$

∴ 참가자는 적어도 6인이 있다.

28 ④

B가습기 작동 시간을 x라 하면

$\dfrac{1}{16}\times 10+\dfrac{1}{20}x=1$

$\therefore x=\dfrac{15}{2}$

29 ①

지금부터 4시간 후의 미생물 수가 270,000이므로 현재 미생물의 수는 $270{,}000 \div 3 = 90{,}000$이다. 4시간 마다 3배씩 증가한다고 하였으므로, 지금부터 8시간 전의 미생물 수는 $90{,}000 \div 3 \div 3 = 10{,}000$이다.

30 ④

페인트 한 통으로 도배할 수 있는 넓이를 $x\,\text{m}^2$
벽지 한 묶음으로 도배할 수 있는 넓이를 $y\,\text{m}^2$라
하면

$\begin{cases} x+5y=51 \\ x+3y=39 \end{cases}$ 이므로 두 식을 연립하면 $2y=12$,

$y=6$, $x=21$

따라서 페인트 2통과 벽지 2묶음으로 도배할 수
있는 넓이는

$2x+2y=42+12=54(\text{m}^2)$

31 ②

작년 연봉을 x라 할 때,

$1.2x+500=1.6x$

$x=1,250$,

올해 연봉은 $1,250 \times 1.2 = 1,500$(만 원)

32 ③

$t(\text{시간}) = \dfrac{m(\text{거리})}{v(\text{속력})}$ 이므로,

지호의 운동시간은 다음과 같이 계산할 수 있다.

$\dfrac{1.2}{4} + \dfrac{1.2}{6} + \dfrac{1.2}{8} + \dfrac{1.2}{10} + \dfrac{1.2}{10}$
$=0.3+0.2+0.15+0.12+0.1$
$=0.87(\text{시간})$

0.87시간은 52.2분이므로 52분 12초 동안 운동
했고, 중간에 10분 휴식했으므로 총 운동시간은
1시간 2분 12초이다.

33 ②

x라 하면

$6x^2=54$에서 $x^2=9$이고 $x=3$이므로

$V=3^3=27(cm^3)$

34 ④

357m에 7m 간격으로 심으면

$357 \div 7 = 51$

처음에 1개를 심어야 하므로 $51 + 1 = 52$

양쪽에 심어야 하므로

$52 \times 2 = 104$(그루)

35 ④

직선인 길에 나무를 심을 경우에 길의 시작과 끝
에 나무를 심어야 하므로 심어야 할 나무의 그루
수는 간격보다 1개가 더 많다. 그렇기 때문에 한
쪽에 심어야할 나무의 수는 $240 \div 12+1=21$이다.
21그루의 나무를 길 양쪽에 심어야 하므로
$21 \times 2 = 42$이다.

36 ④

① 2013년과 2015년의 전체 사교육 참여율은 같
   지만 참여시간이 다르다.
② 2016년부터 2018년까지 초등학생의 사교육
   참여시간은 감소하고 있다. (6.8→6.7→6.5)
③ 2013년과 2014년 중학생의 사교육 참여율은
   다르지만 참여시간이 같다.

37 ④

1시간당 가장 이익이 높은 제품을 생산하는 것이 최대한 많은 이익을 얻을 수 있는 방법이다. E제품은 시간 당 2.5만 원, F제품은 1.5만 원, G제품은 2만 원이다. 그렇기 때문에 E제품부터 생산하고, 그 다음 G제품, 마지막으로 F제품을 생산한다. E제품을 20개 생산하면 40시간이 걸리고, 100만 원의 이익을 얻을 수 있다. 그 다음으로 G제품을 30개 생산하면 60시간이 걸리고, 120만 원의 이익을 얻을 수 있다. 마지막으로 남은 40시간으로 F제품을 생산하면 10개를 생산할 수 있고, 60만 원의 이익을 얻을 수 있다. 그러므로 E제품 100만 원, F제품 120만 원, G제품 60만 원으로 총 이익은 280만 원이다.

38 ④

2020년 영향률 : $\dfrac{2,565}{17,734} \times 100 ≒ 14.5(\%)$

39 ③

2019년 수혜 근로자수 : $17,510 \times \dfrac{14.7}{100} ≒ 2,574$
(= 약 257만 4천 명)

40 ④

중졸이하 지역의 차이는 2.5%, 고졸중퇴 및 고졸 지역의 차이는 5.4%, 전문대중퇴 이상 지역의 차이는 14.5%로 학력이 높아질수록 지지율 차이는 점점 증가한다.

✓ 추리능력

01	02	03	04	05
③	①	②	④	③
06	07	08	09	10
①	④	④	①	②
11	12	13	14	15
④	②	④	③	④
16	17	18	19	20
②	③	④	③	④
21	22	23	24	25
②	④	①	①	③
26	27	28	29	30
②	④	②	①	②
31	32	33	34	35
③	④	④	④	①
36	37	38	39	40
③	②	①	②	②

01 ③

첫 항을 $\dfrac{A}{B}$, 다음 항을 $\dfrac{C}{D}$라고 할 때, $\dfrac{C}{D} = \dfrac{A+3}{B \times 3}$ 의 규칙으로 전개되고 있다.

02 ①

첫 항을 $\dfrac{A}{B}$, 다음 항을 $\dfrac{C}{D}$라고 할 때, $\dfrac{C}{D} = \dfrac{B+4}{A \times 2}$ 의 규칙으로 전개되고 있다.

03 ②

첫 항을 $\dfrac{A}{B}$, 다음 항을 $\dfrac{C}{D}$라고 할 때, $\dfrac{C}{D} = \dfrac{B+13}{A}$ 의 규칙으로 전개되고 있다.

04 ④

첫 항을 $\dfrac{A}{B}$, 다음 항을 $\dfrac{C}{D}$라고 할 때,

$\dfrac{C}{D} = \dfrac{B+A}{A}$ 의 규칙으로 전개되고 있다.

05 ③

첫 항을 $\dfrac{A}{B}$, 다음 항을 $\dfrac{C}{D}$라고 할 때,

$\dfrac{C}{D} = \dfrac{B-A}{A+B}$ 의 규칙으로 전개되고 있다.

06 ①

첫 항을 $\dfrac{A}{B}$, 다음 항을 $\dfrac{C}{D}$라고 할 때,

$\dfrac{C}{D} = \dfrac{A \times B}{A+B}$ 의 규칙으로 전개되고 있다.

07 ④

첫 항을 $\dfrac{A}{B}$, 다음 항을 $\dfrac{C}{D}$라고 할 때,

$\dfrac{C}{D} = \dfrac{B}{B+A}$ 의 규칙으로 전개되고 있다.

08 ④

첫 항을 $\dfrac{A}{B}$, 다음 항을 $\dfrac{C}{D}$라고 할 때,

$\dfrac{C}{D} = \dfrac{B}{B+A}$ 의 규칙으로 전개되고 있다.

09 ①

첫 항을 $\dfrac{A}{B}$, 다음 항을 $\dfrac{C}{D}$라고 할 때,

$\dfrac{C}{D} = \dfrac{B+A}{A}$ 의 규칙으로 전개되고 있다.

10 ②

첫 항을 $\dfrac{A}{B}$, 다음 항을 $\dfrac{C}{D}$라고 할 때,

$\dfrac{C}{D} = \dfrac{(A+B)+2}{(A+B)-2}$ 의 규칙으로 전개되고 있다.

11 ④

알파벳을 순서대로 숫자에 대입하면 다음 표와 같다.

A	B	C	D	E	F	G	H	I	J	K	L	M
1	2	3	4	5	6	7	8	9	10	11	12	13
N	O	P	Q	R	S	T	U	V	W	X	Y	Z
14	15	16	17	18	19	20	21	22	23	24	25	26

A(1) − K(11) − G(7) − Q(17) − M(13)은 $+10$, -4가 반복되고 있으므로 다음에 들어갈 문자는 $13+10=23$(W)이다.

12 ②

C(3) − C(3) − F(6) − I(9) − O(15)는 앞의 두 수를 더한 값이 다음 수가 된다. 따라서 다음에 들어갈 문자는 $9+15=24$(X)이다.

13 ④

B(2) − G(7) − K(11) − N(14) − P(16)는 5, 4, 3, 2씩 감소하므로 빈칸에 들어갈 문자는 Q(17)이다.

14 ③

한글 자음을 순서대로 숫자에 대입하면 다음 표와 같다.

ㄱ	ㄴ	ㄷ	ㄹ	ㅁ	ㅂ	ㅅ	ㅇ	ㅈ	ㅊ	ㅋ	ㅌ	ㅍ	ㅎ
1	2	3	4	5	6	7	8	9	10	11	12	13	14

ㄱ(1) – ㄷ(3) – ㅂ(6) – ㅇ(8) – ㅋ(11)은 +2, +3이 반복되고 있으므로 다음에 들어갈 문자는 11+2=13(ㅍ)이다.

15 ④

ㄱ(1) – ㄱ(1) – ㄴ(2) – ㄷ(3) – ㅁ(5) – ㅇ(8)은 앞의 두수를 더하면 다음 수가 되는 피보나치수열이다. 따라서 빈칸에 들어갈 문자는 ㅍ(13)이다.

16 ②

첫 번째 수에서 두 번째 수를 더한 후 1을 추가로 더하면 세 번째 수가 나온다.
따라서 빈칸에 들어갈 수는 17+15+1=33 이다.

17 ③

(첫 번째 수+두 번째 수)+(첫 번째 수×두 번째 수)=세 번째 수
따라서 빈칸에 들어갈 수는 (11+3)+(11×3)=47

18 ④

첫 번째 수와 두 번째 수를 더하면 세 번째 수가 나오고, 두 번째 수와 세 번째 수를 곱하면 네 번째 수가 나온다.

19 ③

$a◆b=a^2-b^2$의 규칙을 갖는 연산기호이다.
$9◆(2◆1)=9◆(4-1)=9◆3=81-9=72$

20 ④

$a①b=(a×b)-5$의 규칙을 갖는 연산기호이다.
$(8①6)①2=(48-5)①2=86-5=81$

21 ②

② 1458이 되어야 나머지와 같은 관계가 된다.

22 ④

+2, +4, +2씩 변화하므로 나머지와 같은 관계이기 위해서는 HJNP여야 한다.

23 ①

각 문자의 차가 3이다. 따라서 Ⅲ Ⅵ Ⅸ Ⅻ이어야 나머지와 같은 관계가 된다.

24 ①

각 문자의 차가 3이다. 따라서 한 자리 자연수로는 같은 규칙을 만들 수 없다.

25 ③

각 문자의 차가 4이다(①은 16진수). 따라서 ③은 hlpt가 되어야 나머지와 같은 관계가 된다.

26 ②

색칠된 삼각형 중 하나는 왼쪽에 고정되어 있고 색칠된 다른 하나의 삼각형은 시계방향으로 한 칸씩 이동하고 있다. 따라서 정답은 ②이다.

27 ④

도형에 오름차순으로 숫자가 3개씩 나열되어 있고, 시작 숫자가 시계방향으로 한 칸씩 움직여 진행되고 있다. 숫자가 없는 칸에는 색이 칠해진다. 따라서 정답은 ④이다.

28 ②

디지털시계에서 숫자를 나타내는 모양을 표로 변환한 것이다. 물음표에는 숫자 4에 해당하는 모양이 들어가야 하므로 ②가 정답이다.

29 ①

같은 행의 왼쪽 두 사각형을 합치면 마지막 사각형이 된다. 단, 색이 겹친 곳은 색칠되지 않는다.

30 ②

왼쪽 사각형의 직선 수에서 가운데 사각형의 직선 수를 빼면 마지막 사각형의 직선 수가 된다. 가운데 줄의 왼쪽 사각형은 4개의 직선이 있고 마지막 사각형의 직선은 2개이므로 다운데 사각형은 직선이 2개 있어야 한다.

31 ③

물체의 질량이 일정할 때 힘의 크기와 가속도의 크기는 비례한다.

32 ④

소비한 전력량=전력×시간
100Wh=전력(W)×1
전력=100W
4시간동안의 소비한 전력량은
100W×4=400Wh

33 ④

일정한 속도로 운동하면 관성의 법칙이 적용되는 것이다. 관성의 크기와 운동량의 크기는 질량에 비례한다. 그러므로 관성과 운동량의 크기는 A〈B이다. A와 B가 질량의 크기가 다르더라도 등속도 운동으로 같은 시간 이동한 거리는 같다.

34 ④

$V=IR$, 직렬연결로 일정한 전류 i가 흐르기 때문에 전구 A, B에 걸리는 각각의 전압은 저항의 크기에 비례하게 된다. 따라서 2 : 3이 된다.

35 ①

$I=\dfrac{V}{R}$ 이므로 회로에 흐르는 전류의 세기는 다음과 같이 구할 수 있다.

$I=\dfrac{10V}{5\Omega}=2A$

※ 옴의 법칙 … 도선에 흐르는 전류의 세기(I)는 전압에 비례하고 전기저항(R)에 반비례한다.
• 전압 = 전류 × 저항
• V = IR

36 ③

③ 무게란 지구나 달과 같은 거대한 물체가 있음으로 인해 다른 물체를 끌어당기게 되는 중력의 크기를 의미하므로 중력은 질량에 비례한다. 따라서 무게가 가장 큰 C가 중력도 가장 크다.

37 ②

빛은 항상 얇은 쪽에서 두꺼운 쪽으로 굴절된다.

38 ①

② 관성의 법칙
③ 도르래의 원리
④ 지레의 원리

39 ②

세 단어를 바탕으로 추론할 수 있는 과학자는 뉴턴이다. ②번을 제외하면 뉴턴의 1법칙과 3법칙, 광학에 대한 내용이다.

40 ②

전기력과 자기력의 공통점을 묻는 문제이다. ①의 경우 중력에 대한 내용이며 ③④의 경우 탄성력과 마찰력의 공통점에 대한 내용이다.

✅ **지각능력**

01	02	03	04	05
①	②	②	①	②
06	07	08	09	10
①	②	①	②	①
11	12	13	14	15
①	②	①	②	②
16	17	18	19	20
②	①	①	②	①
21	22	23	24	25
③	④	③	④	③
26	27	28	29	30
②	④	②	②	④
31	32	33	34	35
③	①	①	③	④
36	37	38	39	40
③	①	①	④	①

01 ①

좌우가 같다.

02 ②

수고하신모든분들께감사드립니다 – 수구하신모든분들께감사드립니더

03 ②

스트레칭은혈액순환에도움을줍니다 – 스트레칭은혈액순환에도음을줍니다

04 ①

좌우가 같다.

05 ②

홈페이지에서확인하시기바랍니다 – 홈페이지에소확인하시기버랍니다

06 ①

좌우가 같다.

07 ②

1616111<u>1</u>16666161616 − 1616111<u>6</u>16666161611

08 ①

좌우가 같다.

09 ②

신념을<u>가</u>지고도전하는<u>사</u>람 − 신념을<u>각</u>지고도전하
는<u>바</u>람

10 ①

좌우가 같다.

11 ①

좌우가 같다.

12 ②

1 1 1 1 1 <u>1</u> 0 0 1 1 1 1 1 <u>1</u> 0 1 0 1 1 <u>0</u> 0 1 −
11111<u>0</u>001111<u>0</u>01011<u>1</u>01

13 ①

좌우가 같다.

14 ②

ㄱㄴㄹㅇㄱㅁㄴㅇㅁㄱㄴㄱ<u>ㅇ</u>ㅁㄹ − ㄱㄴㄹㅇㄱ
ㅁㄴㅇㅁㄱㄴㄱ<u>ㅁ</u>ㅇㄹ

15 ②

HAVE<u>R</u>EADTHES<u>B</u> − HAVE<u>P</u>EADTHES<u>E</u>

16 ②

325453<u>3</u>65757<u>5</u>47 − 325453<u>2</u>65757<u>4</u>47

17 ①

좌우가 같다.

18 ①

좌우가 같다.

19 ②

창이원ser<u>삼</u>태청원동 − 창이원ser<u>십</u>태청원동

20 ①

좌우가 같다.

21 ③

바닥면부터 블록의 개수를 세어 보면, 14 + 8 + 3
+ 1 = 26개이다.

22 ④

바닥면부터 블록의 개수를 세어 보면, 16 + 9 + 6
+ 2 = 33개이다.

23 ③

바닥면부터 블록의 개수를 세어 보면, 7 + 2 = 9
개이다.

24 ④

바닥면부터 블록의 개수를 세어 보면, 7 + 5 + 1 = 13개이다.

25 ③

바닥면부터 블록의 개수를 세어 보면, 6 + 3 + 1 = 10개이다.

26 ②

$3 \times 3 \times 3$ 정육면체(블록 27개)를 만들 수 있다. 주어진 블록은 12개이므로 15개의 블록이 더 필요하다.

27 ④

$4 \times 4 \times 4$ 정육면체(블록 64개)를 만들 수 있다. 주어진 블록은 26개이므로 38개의 블록이 더 필요하다.

28 ②

$4 \times 4 \times 4$ 정육면체(블록 64개)를 만들 수 있다. 주어진 블록이 20개이므로 44개의 블록이 더 필요하다.

29 ②

$3 \times 3 \times 3$ 정육면체(블록 27개)를 만들 수 있다. 주어진 블록이 11개이므로 16개의 블록이 더 필요하다.

30 ④

$4 \times 4 \times 4$ 정육면체(블록 64개)를 만들 수 있다. 주어진 블록이 21개이므로 43개의 블록이 더 필요하다.

31 ③

밖으로 노출된 면이 1면인 블록을 찾아야 한다. 위의 두 층 블록은 노출된 면이 1면인 블록이 없고, 아래의 두층에 있는 블록부터 순서대로 다음과 같은 개수의 면이 밖으로 노출되어 페인트가 칠해진다.

2	1	1	2
1	0	2	3
1	3		
4			

2	2	2	3
1	3		
3			

32 ①

밖으로 노출된 면이 1면인 블록을 찾아야 한다. 맨 아래층 블록부터 순서대로 다음과 같은 개수의 면이 밖으로 노출되어 페인트가 칠해진다.

2	1	1	2
1	1	1	2
1	3		4
4			

3	3	1	3
3		4	
4			

33 ①

밖으로 노출된 면이 1면인 블록이 없다.

34 ③

밖으로 노출된 면이 1면인 블록을 찾아야 한다. 맨 아래층 블록은 다음과 같은 개수의 면이 밖으로 노출되어 페인트가 칠해진다(위쪽 두 층의 블록은 모두 2면 이상 밖으로 노출된다).

3			3
1	3	2	1
2		3	2
4			4

35 ④

밖으로 노출된 면이 1면인 블록을 찾아야 한다. 맨 아래층 블록은 다음과 같은 개수의 면이 밖으로 노출되어 페인트가 칠해진다(위쪽 두 층의 블록은 모두 2면 이상 밖으로 노출된다).

2	1	1	2
1	1	2	1
3	2		4
	4		

36 ③

그릇과 프라이팬의 잘려진 단면을 연결한다.

37 ①

노트북과 손, 팔의 방향을 고려하여 연결한다.

38 ①

39 ④

40 ①

열차의 원근에 유의하여 그림을 연결한다.

제5회 정답 및 해설

✅ 수리능력

1	2	3	4	5
②	②	③	②	④
6	7	8	9	10
②	①	④	②	③
11	12	13	14	15
④	①	①	①	①
16	17	18	19	20
②	②	②	①	②
21	22	23	24	25
①	②	①	②	②
26	27	28	29	30
②	③	①	②	③
31	32	33	34	35
③	③	④	②	①
36	37	38	39	40
③	④	②	①	③

01 ②

$12 \times 51 \div 6 = 102$

02 ②

$2^6 \times 3^2 \div 24 = 64 \times 9 \div 24 = 24$

03 ③

$3 \times 15.4 - 1 = 45.2$

04 ②

$\sqrt[3]{216} - \log 100 = \sqrt[3]{2^3 \times 3^3} - \log 10^2$
$= 6 - 2 = 4$

05 ④

$\dfrac{18}{7} \times \dfrac{5}{9} + \sqrt{225} = \dfrac{10}{7} + 15 = \dfrac{10}{7} + \dfrac{105}{7} = \dfrac{115}{7}$

06 ②

3푼은 0.03을 의미한다.

∴ $807 \times 0.03 = 24.21$

※ 할, 푼, 리 … 비율을 소수로 나타내는 단위로
0.1(10%)을 '할', 0.01(1%)을 '푼', 0.001(0.1%)
을 '리'로 나타낸다. 예를 들어 '1할 5푼 2리'는
소수 0.152를 나타내며 백분율로는 15.2%에 해
당한다.

07 ①

$32 \times \cos 60° \times \tan 45° = 32 \times \dfrac{1}{2} \times 1 = 16$

08 ④

$-2 \times 9 \times 3 = -54$

09 ②

$$\sqrt{12^2} - \sqrt{7^2} + \sqrt{14^2} = 12 - 7 + 14 = 19$$

10 ③

$$\frac{7}{9} \times \frac{27}{100} = \frac{21}{100} = 0.21 = 21\%$$

11 ④

$$60 \times 27 \div (45) = 36$$

12 ①

$$\frac{11}{27} \times (\,9\,) + \frac{7}{6} = \frac{29}{6}$$

13 ①

$$71 \times 51 \div (3) = 1,207$$

14 ①

$$\{89\,(+)\,21\} \div 5 \times 22 \div 44 = 11$$

15 ①

$$12 \times 3\,(+)\,72 \div 4 = 54$$

16 ②

$$A : \frac{11}{4} + 0.5 = \frac{13}{4} = \frac{39}{12}$$

$$B : \frac{7}{3} + 1 = \frac{10}{3} = \frac{40}{12}$$

$$\therefore \ A < B$$

17 ②

$$A : 5할2푼 = 0.52$$

$$B : \frac{3}{5} = 0.6$$

$$\therefore A < B$$

18 ②

$$A : 3^{-2} + 2 = \frac{19}{9} = \frac{152}{72}$$

$$B : \frac{7}{2^3} + 1.25 = \frac{17}{8} = \frac{153}{72}$$

$$\therefore \ A < B$$

19 ①

$$A : \frac{2^2 + 4^2}{3} = \frac{4 + 16}{3} = 6.66\cdots$$

$$B : \frac{2^3 + 4^2}{4} = \frac{8 + 16}{4} = 6$$

$$\therefore A > B$$

20 ②

$$a + 21 = 4b \Rightarrow a - 4b = -21$$

$$\begin{aligned} A - B &= 5a - 7b - 2 - (4a - 3b + 8) \\ &= a - 4b - 10 \\ &= -21 - 10 = -31 < 0 \end{aligned}$$

$$\therefore A < B$$

21 ①

구분	정사면체	정육면체	정팔면체	정십이 면체	정이십 면체
면	4	6	8	12	20
꼭짓점	4	8	6	20	12
모서리	6	12	12	30	30

※ n각형일 때 한 꼭짓점에서 그을 수 있는 대각선
의 개수 : n − 3개

$A = 12$ $B = 9$
$\therefore A > B$

22 ②

$A : \sqrt{9} < \sqrt{10} < \sqrt{16} \Rightarrow 3 < \sqrt{10} < 4$
$B : 1 < \sqrt{3} < 2 \Rightarrow 4 < \sqrt{3} + 3 < 5$
$\therefore A < B$

23 ①

$A = 9 - 8 + 6.5 = 7.5$
$B = \left(9^2\right)^{\frac{1}{2}} - \left(2^2\right)^{\frac{1}{2}} - 1 = 6$
$\therefore A > B$

24 ②

$A - B = 3a + 2b - 17 + 2a - 4b + 23$
$\qquad = 5a - 2b + 6$
$5a = 2b - 8$, 즉 $5a - 2b = -8$이므로
$A - B = -2 < 0$
$\therefore A < B$

25 ②

$A : (\sqrt[4]{6})^{12} = 6^3 = 216$
$B : (\sqrt[3]{4})^{12} = 4^4 = 256$
$\therefore A < B$

26 ②

• 오전(180분) 동안 조립되는 인형의 수 :
$\dfrac{180}{3} \times 2 = 120$(개)

• 오후(300분) 동안 조립되는 인형의 수 :
$\dfrac{300}{3} \times 2 = 200$(개)

• 오후(300분) 동안 포장되는 인형의 수 :
$\dfrac{300}{3} \times 3 = 180$(개)

$\therefore 120 + 200 - 180 = 140$(개)

27 ③

기계가 돌아가는 시간을 x분이라 할 때, 더 이상
포장할 인형이 없는 시점은 조립된 인형과 포장
된 인형의 개수가 같아지는 시점이므로

$96 + \dfrac{x}{3} = \dfrac{x}{5} + 3$이다. $x = 360$(분)이므로 6시간이 지
나면 포장할 인형이 없어진다. 오전 9시에 업무
를 시작해서 중간에 1시간 휴식이 있으므로 오후
4시에 포장기계가 가동을 중지한다.

28 ①

35% 소금물 400g에 들어 있는 소금의 양은 400
× 0.35 = 140(g)이고,
물의 양은 400 − 140 = 260(g)이다.
물이 50g 증발했으므로 260 − 50 = 210(g)이
므로
소금물의 농도는

$\dfrac{140}{210 + 140} \times 100 = \dfrac{140}{350} \times 100 = 40$(%)이다.

29 ②

두 자리 자연수를 $10a+b$라 하면 주어진 문제에 따라 다음이 성립한다.

$$\begin{cases} 2a = b+1 \\ 10b + a = (10a+b) + 9 \end{cases} \Rightarrow \begin{cases} 2a - b = 1 \\ 9a - 9b = -9 \end{cases}$$

$$\Rightarrow \begin{cases} 18a - 9b = 9 \\ 9a - 9b = -9 \end{cases} \Rightarrow a = 2, \; b = 3$$

따라서 구하는 두 자리 자연수는 $10a+b = 23$이다.

30 ③

작년 일반 성인입장료를 x원이라고 할 때, A시민 성인입장료는 $0.6x$원이다.

각각 5,000원씩 할인하면

$(x - 5,000) : (0.6x - 5,000) = 5 : 2$ 이므로 외항과 내항을 곱하여 계산한다.

$$5(0.6x - 5,000) = 2(x - 5,000)$$
$$3x - 25,000 = 2x - 10,000$$
$$x = 15,000$$

∴ 올해 일반 성인입장료는 5,000원 할인된 10,000원이다.

31 ③

철수가 뛰어간 거리를 x라고 하면

$(시간) = \dfrac{(거리)}{(속도)}$ 이므로 $\dfrac{12-x}{3} + \dfrac{x}{4} = 3.5$

$$4(12-x) + 3x = 42$$
$$\therefore x = 6(\text{km})$$

32 ③

남자 1명이 하루에 옮길 수 있는 양은 $\dfrac{1}{3}$, 여자 1명이 하루에 옮길 수 있는 양은 $\dfrac{1}{9}$이다. 남자 2명과 여자 x명이 하루 만에 창고의 모든 짐을 옮기려면 $2 \times \dfrac{1}{3} + x \times \dfrac{1}{9} = 1$ 이어야 하므로 $x = 3$ 즉 3명의 여자 인부가 필요하다.

33 ④

일의 자리 숫자를 x로 놓았을 때 다음의 식이 성립하므로

$$2 \times 100 + 5 \times 10 + x = 2 \times 100 + x \times 10 + 5 + 18$$
$$250 + x = 200 + 10x + 23$$
$$x - 10x = 223 - 250$$
$$-9x = -27$$
$$x = 3$$

∴ 처음 수는 $2 \times 100 + 5 \times 10 + 3 = 253$이다.

34 ②

볼펜의 할인가는 1,400원, 샤프의 할인가는 1,900원이다. 샤프를 x개, 볼펜을 $(10-x)$개 샀다고 할 때 $1,400(10-x) + 1,900x \leq 15,000$ 이므로 $x \leq 2$ 즉, 샤프는 최대 2개 살 수 있다.

35 ①

a, b, c는 등비수열이므로 공비를 r이라 하면,

$b = ar$, $c = ar^2$이므로

$4a + b = 3c$는 다음과 같이 변형된다.

$$4a + ar = 3ar^2$$
$$\Rightarrow 3r^2 - r - 4 = 0$$
$$\Rightarrow (r+1)(3r-4) = 0$$
$$\therefore r = -1 \text{ or } \frac{4}{3}$$

$r = -1$인 경우 $a < b < c$를 만족시킬 수 없으므로 $r = \dfrac{4}{3}$이다.

36 ③

$$층수 = \frac{연면적}{건축면적} = \frac{연면적 \times 100(\%)}{건폐율 \times 대지면적}$$

㉠ A의 층수 : $\dfrac{1,200m^2 \times 100\%}{50\% \times 400m^2} = 6층$

㉡ B의 층수 : $\dfrac{840m^2 \times 100\%}{70\% \times 300m^2} = 4층$

㉢ C의 층수 : $\dfrac{1,260m^2 \times 100\%}{60\% \times 300m^2} = 7층$

㉣ D의 층수 : $\dfrac{1,440m^2 \times 100\%}{60\% \times 400m^2} = 6층$

37 ④

31~35세 사이의 남자와 여자의 입장객 수는 같다.

38 ②

$$\frac{6,877.2}{28,999.4} \times 100 ≒ 23.71$$

39 ①

$$100 - 11.8 - 31.6 - 34.6 - 4.8 = 17.2(\%)$$

40 ③

중량을 백분율로 표시한 것이므로 각각 중량의 단위로 바꾸면, 탄수화물 31.6g, 단백질 34.6g, 지방 17.2g, 회분 4.8g이 된다. 모두 합하면 총 중량은 88.2g이 된다.
단백질 중량의 백분율을 구하면,
$\dfrac{34.6}{88.2} \times 100 ≒ 39.229$이므로 39.23이 된다.

✅ 추리능력

1	2	3	4	5
①	④	①	③	③
6	7	8	9	10
③	②	③	②	④
11	12	13	14	15
②	③	④	②	②
16	17	18	19	20
②	②	④	③	④
21	22	23	24	25
①	①	④	②	①
26	27	28	29	30
②	②	③	②	②
31	32	33	34	35
②	④	①	④	④
36	37	38	39	40
①	④	①	①	③

01 ①

2, ×2, −2, +3, ×3, −3, +4, ×4, …로 변화하므로 빈칸에 들어갈 수는 4+3=7이다.

02 ④

앞의 두 수를 더한 값의 모든 자리수를 더한 값이 다음 수가 된다. 따라서 빈칸에 들어갈 수는 6+2=8이다.

03 ①

홀수 항은 2의 거듭제곱 $2^0, 2^1, 2^2, \cdots$, 짝수 항은 3의 거듭제곱 $3^0, 3^1, 3^2, \cdots$ 이다.
따라서 빈칸에 들어갈 수는 $2^4 = 16$이다.

04 ③

앞 숫자에서 3^1, -3^2, 3^3, -3^4, 3^5씩 더해지고 있다.

05 ③

첫 항을 $\dfrac{A}{B}$, 다음 항을 $\dfrac{C}{D}$라고 할 때,

$\dfrac{C}{D} = \dfrac{A+3}{B\times3}$ 의 규칙으로 전개되고 있다.

$\therefore \dfrac{4+3}{9\times3} = \dfrac{7}{27}$

06 ③

앞의 두 수를 곱한 값이 그 다음 수가 된다.

07 ②

첫 항을 $\dfrac{A}{B}$, 다음 항을 $\dfrac{C}{D}$라고 할 때,

$\dfrac{C}{D} = \dfrac{B+11}{A-1}$ 의 규칙으로 전개되고 있다.

$\therefore \dfrac{12+11}{13-1} = \dfrac{23}{12}$

08 ③

더해지는 수를 살펴보면 3, 6, 12, 24, 48, 96이다. 여기에서 더해지는 수가 $\times2$라는 규칙성이 발견된다. 따라서 빈칸에 알맞은 수는 $190 + (96\times2) = 382$이다.

09 ②

$\times3$, $\times3+1$, $\times3$, $\times3+2$, $\times3$, $\times3+3$, $\cdots$으로 변화한다.

$\therefore 30\times3+2 = 92$

10 ④

분자를 1, 2, 3, 4로 변화시켜보면

$\dfrac{1}{5}$, $\dfrac{2}{10}$, $\dfrac{3}{20}$, $\dfrac{4}{40}$, $\dfrac{5}{80}$ 이므로 빈칸에 들어갈

수는 $\dfrac{6}{160} = \dfrac{3}{80}$이다.

11 ②

알파벳을 순서대로 숫자에 대입하면 다음 표와 같다.

A	B	C	D	E	F	G	H	I	J	K	L	M
1	2	3	4	5	6	7	8	9	10	11	12	13
N	O	P	Q	R	S	T	U	V	W	X	Y	Z
14	15	16	17	18	19	20	21	22	23	24	25	26

$\times2$, $+1$, $\times2$, $+2$, $\times2$, $+3$ 으로 변하고 있으므로

$\therefore 6+2 = 8(H)$이다.

12 ③

C(3) − E(5) − F(6) − H(8) − I(9) − K(11)는 $+2$, $+1$가 반복되므로 빈칸에 들어갈 문자는 L(12)이다.

13 ④

D(4) − E(5) − H(8) − M(13)는 처음의 문자에서 1, 3, 5의 순서로 변하므로 빈칸에는 앞의 글자에 7을 더한 문자, 20(T)이 와야 한다.

14 ②

B(2) – D(4) – F(6) – ? – J(10) – L(12)은 2의 배수로 문자가 변하고 있다. 따라서 빈칸에 들어갈 문자는 8(H)이다.

15 ②

알파벳과 한글 자음을 순서대로 숫자에 대입하면 다음 표와 같다.

A	B	C	D	E	F	G	H	I	J	K	L	M
1	2	3	4	5	6	7	8	9	10	11	12	13
N	O	P	Q	R	S	T	U	V	W	X	Y	Z
14	15	16	17	18	19	20	21	22	23	24	25	26

ㄱ	ㄴ	ㄷ	ㄹ	ㅁ	ㅂ	ㅅ	ㅇ	ㅈ	ㅊ	ㅋ	ㅌ	ㅍ	ㅎ
1	2	3	4	5	6	7	8	9	10	11	12	13	14

분자는 알파벳 – 한글 – 알파벳 – 한글 순이며 – 2씩 감소하고 있고 분모는 한글 – 알파벳 – 한글 – 알파벳 순이며 + 2씩 증가하고 있으므로 빈칸에 들어갈 문자는 $\dfrac{\text{ㅊ}}{G}\left(\dfrac{10}{7}\right)$이다.

16 ②

첫 번째 수와 두 번째 수를 곱해 나온 값의 (일의 자릿수) – (십의 자릿수)가 세 번째 수가 된다.
$3 \times 5 = 15$이며
5(일의 자릿수) – 1(십의 자릿수) = 4,
$6 \times 8 = 48$이며
8(일의 자릿수) – 4(십의 자릿수) = 4
∴ $5 \times 7 = 35$이며
5(일의 자릿수) – 3(십의 자릿수) = 2

17 ②

밑줄 친 세 수의 곱이 모두 120이다. 따라서 빈칸에 들어갈 수는 2이다.

18 ④

첫째 수에서 1을 뺀 후 둘째 수와 곱해준 값이 셋째 수가 된다.
$(5-1) \times 4 = 16$, $(9-1) \times 3 = 24$
∴ $(12-1) \times 6 = 66$

19 ③

계산 법칙을 유추해서 적용해보면, 첫 번째 수를 두 번째 수로 나눈 후 그 값에서 두 번째 수를 빼면 값이 나온다.
60 * 6를 풀이해보면,
$60 \div 6 = 10$, $10 - 6 = 4$

20 ④

기호의 규칙을 찾으면 a ㅸ b = $3(a-2b)$이다.
6ㅸ2 = $3(6-4) = 6$, 7ㅸ3 = $3(7-6) = 3$
∴ 9ㅸ2 = $3(9-4) = 15$

21 ①

예사소리와 거센소리가 반복된다. '조추조추'가 되어야 ②③④와 같은 규칙이 된다.

22 ①

①의 경우 한글 모음으로만 이루어져 있고 ②③④의 경우 자음으로 이루어져 있다.

23 ④

2씩 증가하며 나열되었다. 'ACEG'가 되어야 ①
②③과 같은 규칙이 된다.

24 ②

모두 1928로 치환된다. 'ㄱㅈㄴㅇ'가 되어야 ①
③④와 같은 규칙이 된다.

25 ①

각 문자의 차가 2, 2, 3이다. '2469'가 되어야 ②
③④와 같은 규칙이 된다.

26 ②

가운데 정사각형과 맞닿는 도형이 삼각형, 사각
형, 오각형, 육각형으로 변하고 있으며 정사각형
안의 별 모양 기호는 변하지 않고 나머지 기호들
은 시계방향으로 움직인다.
① 정사각형과 맞닿는 도형이 다르다.
③ 정사각형 안의 기호가 다르다.
④ 육각형 안의 기호의 위치가 시계방향으로 움
직인 것이 아니다.

27 ②

중앙에 빗금 친 좌우를 번갈아 반복되고 있으며
삼각형, 사각형, 오각형으로 변하면서 원의 안쪽
과 바깥쪽에 번갈아 나타나고 있다. 또한 *은
칠해지지 않은 면으로 좌우를 번갈아 이동하고
있다.

28 ③

색칠된 칸이 하나는 시계방향으로 한 칸씩, 다른
하나는 두 칸씩 이동한다.

29 ②

주사위는 마주보는 면들의 합이 7임을 고려하고
문제를 풀어야 한다.

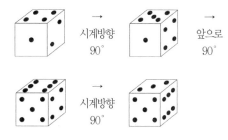

따라서 다음에 올 주사위는 앞으로 90° 회전한

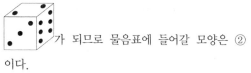가 되므로 물음표에 들어갈 모양은 ②
이다.

30 ②

② 각 행마다 반시계 방향으로 45°씩 회전하고
있으며 끝 부분의 도형은 모두 모양이 다르다.

31 ②

㉠㉣ 작용·반작용의 법칙 ㉡ 관성의 법칙 ㉢
중력

32 ④

$$R(저항) = \frac{V(전압)}{I(전류의\ 세기)}, \quad 400mA = 0.4A$$

$$\therefore R = \frac{110V}{0.4A} = 275\Omega$$

33 ①

$$R = \frac{V}{I} = \frac{2}{0.1} = \frac{4}{0.2} = \frac{6}{0.3} = \frac{8}{0.4} = 20 \qquad \Omega$$

34 ④

① 어떠한 도구를 사용하더라도 일의 이득은 없다.

② 한 일의 양 = 500N × 2m = 1000J

③ 움직 도르래를 사용하면 물체가 올라간 높이 의 2배 길이의 줄을 당겨야 하므로 당긴 줄 의 길이는 4m이다.

④ 움직 도르래를 사용하면 물체 무게의 $\frac{1}{2}$배의 힘을 작용해야 하므로 줄을 당길 때 필요한 힘의 크기는 250N이다.

35 ④

④ 자석을 움직이지 않으면 자기장의 변화가 없 어서 유도전류가 흐르지 않는다.

※ 전자기 유도

ㄱ 정의 : 자기장 속에서 전류가 흐르는 도선 이 힘을 받는 것과 반대로 자기장 속에서 움직이는 도선에 유도전류가 흐르는 현상 이다.

ㄴ 유도전류의 방향 : 코일을 통과하는 자기장 의 변화를 방해하는 방향으로 흐른다.

ㄷ 유도전류의 세기 : 자기장의 세기가 셀수록, 도선이 빠르게 움직일수록, 코일의 감은 수가 많을수록 유도전류의 세기가 커진다.

36 ①

알 → 올챙이 → 뒷다리 생김 → 앞다리 생김 → 꼬 리 소멸 → 개구리

37 ④

40g의 추를 매달았을 때 길이가 20cm인 용수철 이 10cm 늘어났다는 것을 알 수 있다. 또한 용 수철의 총 길이가 42cm가 되었다는 것은 22cm 가 늘어났다는 얘기이고 이를 통해 다음과 같은 비례 관계가 성립됨을 알 수 있다.

매달아야 할 추의 무게 = x

$40g$추의 중력 : 10cm(용수철의 늘어난 길이) = xg추의 중력 : 22cm(용수철의 늘어난 길이)

$40 : 10 = x : 22$

$\therefore x = 88(g)$

38 ①

용수철은 작용한 힘의 크기에 비례해서 길이가 늘어난다. 용수철에 35N인 물체를 매달았을 때 5cm 늘어났다면 7N의 물체를 매달면 1cm 늘어 나는 용수철이라고 할 수 있다. 따라서 이 용수 철이 7cm 늘어났다면 무게가 49N인 인형을 매 달았다고 생각할 수 있다.

39 ①

물질은 해당온도와 압력에서 존재할 수 있는 상이 있는데, 물은 1기압 100℃ 이하에서는 액체, 그 이상에서는 기체가 된다. 물이 끓고 있는 상황이란 그 경계선 상에서 기체와 액체가 공존하고 있는 상태를 말한다. 따라서 물은 액체 상태로 존재할 수 있는 최대 온도가 100℃이며 이들이 모두 기체가 될 때까지 액체와 기체의 온도는 이론상 100℃가 유지되는데, 외견상 온도 변화가 없으므로 에너지가 단지 숨어들어가는 것처럼 보이지만 이는 액체상이 기체상이 되는 데 사용되는 것으로 이를 기화열이라고 한다. 이렇게 액체가 기체, 또는 기체가 액체, 액체가 고체 등으로 상변화가 이루어질 때 온도변화 없이 흡수되거나 방출되는 열을 '잠열'이라고 한다. 즉, 물이 수증기가 되는 데 기화 잠열이 사용되기 때문에 온도가 올라가지 않는다.

40 ③

① 작용과 반작용 법칙은 A물체가 B물체에게 힘을 가하면(작용) B물체 역시 A물체에게 똑같은 크기의 힘을 가한다는 것이다(반작용).
② 물체를 좌우로 잡아당기거나 밀어 밖으로부터 힘을 가하면 그 모양이나 부피가 변한다. 일정 한도 내의 힘에 대해서는 그 힘을 제거하면 다시 원래의 모양이나 부피로 돌아오는데, 이와 같은 물체의 성질을 탄성이라 한다.
④ 지구상의 물체에 작용하는 지구의 인력(引力)을 중력이라고 한다.

⊘ 지각능력

1	2	3	4	5
①	②	②	①	②
6	7	8	9	10
①	②	①	①	①
11	12	13	14	15
②	①	①	②	②
16	17	18	19	20
①	②	①	②	②
21	22	23	24	25
①	④	②	②	③
26	27	28	29	30
④	④	③	②	④
31	32	33	34	35
②	③	③	④	②
36	37	38	39	40
①	②	①	②	①

01 ①

좌우가 같다.

02 ②

요손손가이우가새땅이에 - 요손손가이우가새깡이에

03 ②

℃₵%%Ɛ℈℉g♄♅ – ℃₵%%Ɜ℈℉g♄♅

04 ①

좌우가 같다.

05 ②

Look <u>w</u>hat I've found! – <u>B</u>ook <u>t</u>hat I've found!

06 ①

좌우가 같다.

07 ②

지현우이<u>민</u>기고수<u>강</u>동원원빈 – 지현우이<u>만</u>기고수<u>방</u>동원원빈

08 ①

좌우가 같다.

09 ①

좌우가 같다.

10 ①

좌우가 같다.

11 ②

α <u>γ</u> ε η ι λ ν ο <u>ρ</u> τ – α <u>ξ</u> ε η ι λ ν ο <u>θ</u> τ

12 ①

좌우가 같다.

13 ①

좌우가 같다.

14 ②

ㄱㄴㄹㅇㄱㅁㄴㅇㅁㄱㄴㄱ<u>ㅇㅁ</u>ㄹ – ㄱㄴㄹㅇㄱㅁㄴㅇㅁㄱㄴㄱ<u>ㅁㅇ</u>ㄹ

15 ②

C38AFE<u>M</u>AM54@A<u>S</u> – C38AFE<u>N</u>AM54@A<u>5</u>

16 ①

좌우가 같다.

17 ②

aifltm<u>v</u>n<u>ql</u>rgn<u>wkf</u>mt – ai<u>f</u>ltm<u>un</u>plrgn<u>mkj</u>mt

18 ①

좌우가 같다.

19 ②

ㅆㅗㅡ ㄴ ㄴ ㅅ △ ㅍㅗ ㅆ ㅅ ㅓ —ㅆㅗㅡ ㄴ ㄴ ㅅ △ ㅃㅗ ㅆ ㅅ ㅓ

20 ②

Put her <u>on</u> the phone – Put her <u>in</u> the phone

21 ①

바닥면부터 블록의 개수를 세어 보면, $10 + 5 + 2$ $= 17$개이다.

22 ④

바닥면부터 블록의 개수를 세어 보면, $11 + 6 + 5$ $+ 2 = 24$개이다.

23 ②

바닥면부터 블록의 개수를 세어 보면, $12 + 6 + 2$ $+ 1 = 21$개이다.

24 ②

바닥면부터 블록의 개수를 세어 보면, $3 + 2 = 5$ 개이다.

25 ③

바닥면부터 블록의 개수를 세어 보면, $6 + 2 + 1$ $= 9$개이다.

26 ④

주어진 블록은 21개이다. $5 \times 5 \times 5$의 정육면체 (총 125개)를 만들기 위해서는 104개의 블록이 더 필요하다.

27 ④

주어진 블록은 17개이다. $4 \times 4 \times 4$의 정육면체 (총 64개)를 만들기 위해서는 47개의 블록이 더 필요하다.

28 ③

직육면체의 세로의 길이를 1이라할 때, 주어진 블록으로는 $3 \times 3 \times 3$의 정육면체는 만들 수 없다. 주어진 블록은 총 7개이고, $4 \times 4 \times 4$의 정육면체 (직육면체블록 32개 필요)를 만들기 위해서는 25 개의 블록이 더 필요하다.

29 ②

주어진 블록은 10개이다. $3 \times 3 \times 3$의 정육면체(총 27개)를 만들기 위해서는 17개의 블록이 더 필요 하다.

30 ④

주어진 블록은 19개이다. $4 \times 4 \times 4$의 정육면체(총 64개)를 만들기 위해서는 45개의 블록이 더 필요 하다.

31 ②

밖으로 노출된 면이 1면인 블록을 찾아야 한다. 맨 아래층 블록부터 순서대로 다음과 같은 개수의 면이 밖으로 노출되어 페인트가 칠해진다. 맨 위 칸은 모두 2면 이상 밖으로 노출되어있다.

2	1	2
1	0	1
2	2	2
	4	

2	1	2
2	1	2
4		

32 ③

밖으로 노출된 면이 1면인 블록을 찾아야 한다. 맨 아래층 블록부터 순서대로 다음과 같은 개수의 면이 밖으로 노출되어 페인트가 칠해진다. 맨 위 칸은 모두 2면 이상 밖으로 노출되어있다.

2	1	1	2
1	0	0	1
1	0	0	1
2	2	2	2

2	1	1	2
1	0	0	1
1	2	1	1
4			3

2	1	1	2
1	2	1	2
4		3	1
			4

33 ③

위의 두 칸의 블록들은 모두 2면 이상 밖으로 노출되어있으므로 맨 아래 칸 블록들만 확인한다.

2	1	2
2	1	1
3	2	3

34 ④

밖으로 노출된 면이 1면인 블록을 찾아야 한다. 맨 아래층 블록부터 순서대로 다음과 같은 개수의 면이 밖으로 노출되어 페인트가 칠해진다. 맨 위 칸은 모두 2면 이상 밖으로 노출되어있다.

3	1	1	2
	3	1	1
		2	
		4	

4	1	2
	3	1
		4

35 ②

밖으로 노출된 면이 1면인 블록을 찾아야 한다. 맨 아래층 블록부터 순서대로 다음과 같은 개수의 면이 밖으로 노출되어 페인트가 칠해진다.

2	3	2	2
3		2	1
		2	1
		3	3

4
4

4
3
4

36 ①

그림의 중심에 있는 통나무와 너구리의 연결에 유의한다.

37 ②

38 ①

39 ②

그림의 가장 큰 부분을 차지하는 지구(젖소)의 모양에 유의하여 연결한다.

40 ①

가볍게! 빠르게! 확인하는 용어사전 시리즈

시사용어사전 | 경제용어사전 | 부동산용어사전

시사용어사전 1228

매일 접하는 각종 기사와 정보! 공기업/언론사/기업체/공무원 채용을 준비하는 수험생과

현대인이 꼭 알아야 할 최신 시사상식을 쏙쏙 뽑아 이해하기 쉽도록 영역별로 정리

경제용어사전 1050

주요 경제용어는 거의 다 실었다! 금융권/공기업/언론사/기업체/공무원 채용을 준비하기 전에,

경제 공부를 시작하기 전에 읽어보면 경제가 쉬워지도록 사전식으로 구성

부동산용어사전 1310

부동산에 대한 이해를 높이고 부동산의 개발과 활용, 투자 및 부동산 용어 학습에도

적극적으로 이용할 수 있는 교재, 공인중개사 출제용어도 수록

자격증

한번에 따기 위한 서원각 교재

한 권에 준비하기 시리즈 / 기출문제 정복하기 시리즈를 통해 자격증 준비하자!